U0921770

# 如何让你的工作更高效

王　晶◎编著

掌握高效工作秘籍　助力繁琐工作落地

· 时间管理：有序工作，才能节省时间
· 空间管理：学会断舍离，做空间整理高手
· 信息管理：拒绝信息干扰，专心本职工作
· 思考管理：会思考，才能做好本职工作
· 职场沟通：职场上，学会沟通是第一要务
· 自我奖惩：技巧学习很容易，坚持下来却不易

海南出版社
· 海口 ·

## 图书在版编目(CIP)数据

如何让你的工作更高效 / 王晶编著. —海口 : 海南出版社,2023.2

ISBN 978-7-5730-1061-2

Ⅰ. ①如… Ⅱ. ①王… Ⅲ. ①工作方法 Ⅳ. ①B026

中国版本图书馆 CIP 数据核字(2023)第 028428 号

**如何让你的工作更高效**
RUHE RANG NIDE GONGZOU GENG GAOXIAO

| | |
|---|---|
| 编　　著 | 王　晶 |
| 责任编辑 | 张家顺 |
| 出版发行 | 海南出版社 |
| 地　　址 | 海口市金盘开发区建设三横路 2 号 |
| 邮　　编 | 570216 |
| 网　　址 | http://www.hncbs.cn |
| 开　　本 | 710 mm×1000 mm　1/16 |
| 印　　张 | 11.5 |
| 字　　数 | 113 千字 |
| 版　　次 | 2023 年 2 月第 1 版 |
| 印　　次 | 2023 年 2 月第 1 次印刷 |
| 经　　销 | 新华书店 |
| 印　　刷 | 三河市腾飞印务有限公司 |
| 书　　号 | ISBN 978-7-5730-1061-2 |
| 定　　价 | 48.00 元 |

(本书如有印装质量问题,影响阅读,请直接与承印厂联系调换。电话:010-84254239)

# 目录

## Part 1 时间管理的技能与误区

"戴明循环"：时间管理基本原理 / 003
创建"任务清单"表格 / 006
创建"今日待办"表格 / 009
创建"备忘录"表格 / 013
ABCDE 工作法 / 015
应对工作中断的有效策略 / 017
一心多用不等于高效利用时间 / 020
节约时间不等于有效管理时间 / 022
拖延的最大误解是自认懒惰 / 025

## Part 2　空间整理的技能与误区

空间整理就是学会做减法 / 031
超实用的办公桌整理术 / 035
超实用的抽屉分区整理术 / 038
超实用的文件归类整理术 / 040
超实用的电脑空间整理术 / 042
每天整理一点，一辈子整理不完 / 046
越是擅长收纳的人，越容易堆东西 / 048
整理的敌人："可惜""总有一天" / 050

## Part 3　信息整理的技能与误区

不被互联网虚假信息干扰的方法 / 055
超实用的信息搜集技巧 / 059
快速查阅文献信息的 SQ3R 法 / 064
利用一页纸整理信息的方法 / 066
超实用的会议记录方法 / 069
使用笔记本记录信息的方法 / 072
曼陀罗九宫格笔记法 / 077
康奈尔笔记法 / 080
总结不是给自己，而是给别人 / 082

## Part 4 思考整理的技能与误区

养成整理式思考的习惯 / 087
高效睡眠的方法 / 090
六项思考帽的运用方法 / 094
解决问题的 3 种国际方法 / 098
金字塔思考法 / 105
MECE 分类法 / 108
ECRS 分析法 / 111
批判性思考的 3 个基本方法 / 113
方向错了，再努力也无济于事 / 116

## Part 5 职场沟通的技能与误区

让坚持过程变得轻松的 3 个方法 / 121
快速分析并解决问题的 SCQA 法 / 124
习惯养成的 4 个步骤 / 126
向领导汇报的表达技巧 / 130
戒掉“添油加醋”的 3 个步骤 / 134
深入人心赞美人的技巧 / 137
被拒绝时的正确态度和方法 / 140
拒绝别人的正确态度和方法 / 142
高效谈判的 8 大战术 / 145
超实用的职场闲聊技巧 / 148

健谈就是善于发问 / 151

改变行为而不是改变态度 / 153

## Part 6 自我奖惩的建立与坚持

通过微习惯实现彻底改变的 8 个步骤 / 157

实现情绪自控的超实用方法 / 161

戒掉不良习惯的可行方法 / 164

误区：坚持只能靠意志力 / 167

偏执：趁早放弃“掌控自我” / 170

**参考文献** / 172

# Part 1

# 时间管理的技能与误区

## “戴明循环”：时间管理基本原理

做任何事情之前，你都应当提前做好规划，否则时间永远不够用。这就是“戴明循环”[①] 在全球流行的原因所在。几乎所有的时间管理方法，都是以“戴明循环”为前提的。

“戴明循环”也称 PDCA 循环，最早应用于车间品控管理，目的在于发现问题并及时解决问题，后也被应用于时间管理。“戴明循环”包括四个环节：

### 计划（Plan）

计划的重要性远远超出你的预想。有人说，1 个小时的计划媲美 5 个小时的执行。计划包括目标的筛选和流程的确定。制订计划前需要对目标进行分析，明确影响目标的因素有哪些，达成目标需要完成哪些事情。

### 执行（Do）

拿破仑说过：“花时间去思考，但当行动的时机到来时，要停止思考，开始进攻。”执行是对计划的落地实施，若是没有执行，计划就毫无意义。除了涉及具体的完成方法之外，它还包括

① 由美国统计质量控制专家沃特·阿曼德·休哈特提出，质量管理专家、统计学家威廉·爱德华兹·戴明首先采纳、宣传并普及。

制订进度表、记录实施过程中遇到的问题。

**评估（Check）**

执行阶段结束后，就进入了分析检查阶段，以评估针对此次目标所做的计划，实施后结果如何、是否达成目标、计划实施情况如何，分析计划是否合理，执行过程中哪里对了，哪里错了，明确效果，找出问题。

**处理（Act）**

处理是指对评估结果进行处理，对于成功的经验要加以肯定，并予以标准化；对于没有解决的问题，要交给下一个循环去解决。此步骤还包括预防机制的建立。此时，在经过一个循环之后，你对工作中可能会遇到的突发情况已经有所了解，在下一个循环的计划部分，就要加入应急计划。

一个完整的“戴明循环”如下图：

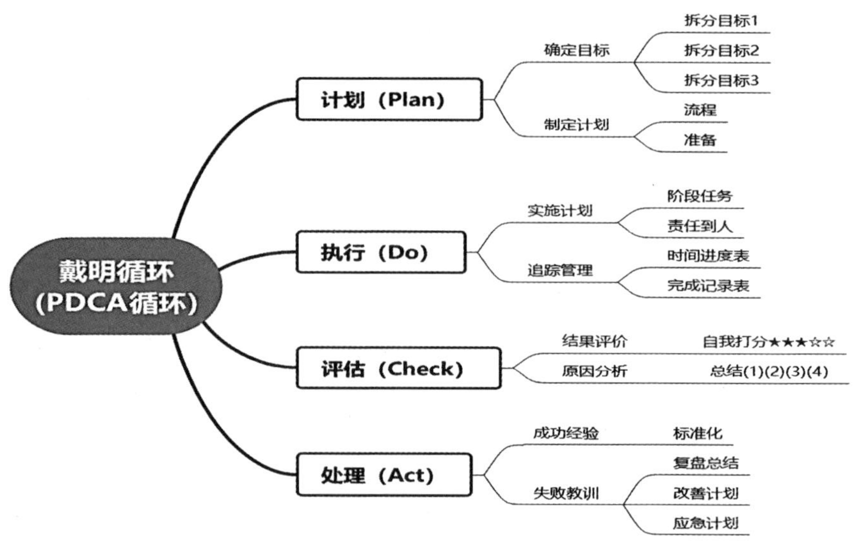

经常有意识地重复“戴明循环”，你的工作能力就会在无形中得到提升。因为“戴明循环”不会运行一次就结束，而是会周而复始地运行。一个循环完成后，未解决的问题会进入下一个循环。如此一来，你的解决问题的能力就会随之逐渐提升。

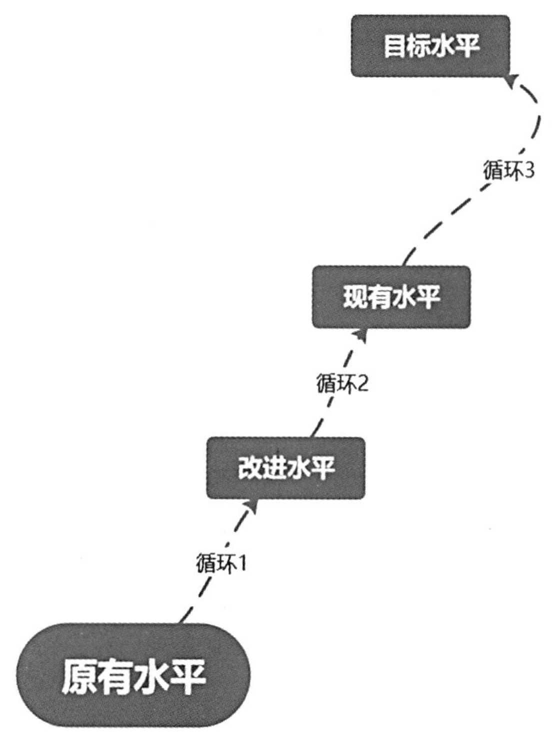


践行“戴明循环”，你还需要用到几个关键工具：“任务清单”（To-do list）、“今日待办”（Day's to-do）、“备忘录”（Record）。下面我们将逐一介绍。

## 创建“任务清单”表格

“任务清单”大概是全世界精英工作者都在力荐的高效工作工具之一。时间管理大师博恩·崔西如此盛赞：“任务清单是迄今为止发现的用于提高生产率的最强有力的工具。在你开始使用任务清单的第一天，你的工作效率将会提高25%……同其他时间管理工具相比，通过使用任务清单，你可以更快地摆脱繁杂，理清头绪。”①

如果你每天处于忙乱状态，“任务清单”能帮你快速理清头绪。它的做法很简单：

①想一想你将要完成的任务，把它们全记下来，不必考虑重要程度和优先级，也不必写出具体做法，从上到下列出来，每行一个任务。

②用词要言简意赅，不必刻意缩写或长篇大论，也不必考虑措辞能否让别人理解，重要的是你自己能看懂。切忌用语意模糊的话，如“考虑一下×××”“抽空找一下×××”等，应当尽量写下你将具体怎么做，如“阅读5篇公众号写作技巧的文章”“与

① 选自博恩·崔西（Brian Tracy）：《时间力（Time Power）：一种可以让你完成更多任务的成熟机制》。

领导确定下月营销投放费用”“找同事×××商量确定××项目的截止日期”等。总之，越具体越好，毕竟列清单的目的是将想法转变为行动。

| To-do list | |
|---|---|
| 1. 日常 | •<br>• |
| 2. 推进 | •<br>• |
| 3. 会议 | •<br>• |
| 4. 案头 | •<br>• |
| 5. 临时 | •<br>• |

计划没有变化快。“任务清单”不要一次拉得太长，要及时更新，从而更加切合实际。同一张“任务清单”表格可以用很多天，已完成的直接划掉即可。

你要记得：

> “将所有要做的事情通通写下来”，是通往高效工作的第一步。

创建“任务清单”可以是手写形式，也可以是Excel表格形式。这里推荐手写便笺纸，因为它的好处很明显。你是不是经常遇到这种情况：对别人说“我两小时后再打电话”，挂断后也记入“任务清单”了，但最终依然忘记了。若是你用的是手写便笺纸，写好后贴在最显眼的地方，你就能有效避免这种情况的发生。

如果你想进一步理清头绪，建议再列出个“Not-to-do”清单。比如，“不在上班时间说闲话”“不打探同事隐私”“不该自己做的工作不做”“对部门没好处的事情不做”，等等。

| Not-to-do list | |
|---|---|
| 1. 管住嘴 | •<br>•<br>• |
| 2. 说“不” | •<br>•<br>• |
| 3. 案头不该犯的错 | •<br>•<br>• |

## 创建“今日待办”表格

“任务清单”表格确实很有用，但只有它是不够的，接下来你还需要创建一张“今日待办”表格。

“今日待办”就是从“任务清单”中提取任务，当日完成。

因此，“今日待办”表格本质上是一种完成承诺。职场人要做到“今日事，今日毕”，这张表格的意义重大。

咨询大师艾维·李[①]曾向美国钢铁大王查尔斯·施瓦布推荐“今日待办”，最终因为非常有效而拿到了2.5万美元的报酬。

> 艾维·李“待办事项”执行步骤
>
> - 列出“明天要完成的6件事”。
> - 按照重要程度为它们排序。
> - 第二天按顺序工作，完成一件事后再开始处理另一件事。
> - 完成这6件事后，再做其他事。
> - 每天重复这个过程。

创建“今日待办”表格的最大忌讳是过度承诺。不要企图把

① 艾维·李是美国现代公共关系之父，他提出的“清单原则”已流传百年。

“任务清单”表格的内容都复制到“今日待办”表格上。从“任务清单”到“今日待办”，是一个“断舍离”的整理过程。

那么，该如何创建“今日待办”表格呢？建议结合“番茄工作法”[①]来进行。

番茄工作法提倡专注工作25分钟，中间不做任何与任务无关的事情，然后休息5分钟。每25分钟为一个“番茄钟”，完成4个“番茄钟”之后，再休息久一点。

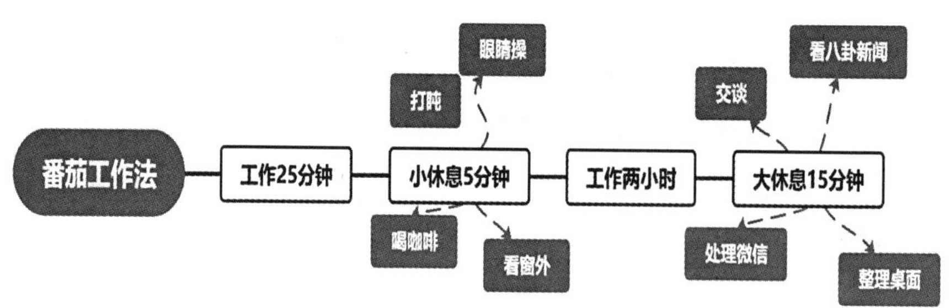


创建“今日待办”表格，一般分为以下五步来完成。

## 挑选今日必做的事情

检查一下“任务清单”，对任务事项进行优先执行排序，把锦上添花、无关紧要的事项剔除掉。如果你不能确定孰轻孰重，可以这样做：

①把所有事项分别写在小纸条上。

②随意选出两个，比较一下，如果今天只能完成一个，选哪个？

① 意大利人弗朗西斯科·西里洛于1992年创立了番茄工作法。

③将选中的事项与下个事项进行对比，通过逐步对比，最终确定优先进行的任务。

**设置完成时间**

对于可以推算出大致完成时间的任务，你可以在任务后面明确写出具体的时间。

对于无法推算出完成时间的任务，你可以大致估算要用几个“番茄钟”来完成。比如，写一个项目汇报，你可以写上“5 个番茄钟”。需要几个“番茄钟”，你就在完成时间栏标出几个□，每休息一次，你就在对应的□上打一个√。

若是任务用时超短，应尽量安排几个任务共用一个“番茄钟”，以保证工作节奏。

**设置提醒**

设置提醒，制造紧张感，可确保重要任务及时完成。比如，你可以用便利贴提醒自己，或者在“今日待办”表格上，用荧光笔标注当前活动，完成后再用黑色笔划掉。若是不怕打扰同事，你还可以充分利用手机提醒功能。

**设置休息时间**

短暂休息：每两个“番茄钟”之间可短暂休息 3～5 分钟，放松一下。可以允许自己离开办公椅，但不要离开办公区，做一些可以放松肩背的小运动或趁机打个盹、冥想一下，也可以想一想午餐吃什么、下班后干点什么。

阶段休息：完成一项重要任务或连续工作两小时后，可以休息 15～20 分钟。这段时间可以处理微信、邮件、打电话，也可以整理桌面，还可以与同事进行一下简短的社交。

### 设置反馈

每完成一项任务，就在“今日待办”表格上把它划掉。你还可以根据完成情况，用 1～5 颗星给自己打分。仪式感能增加工作成就感，及时鼓励自己，能让你坚持下去。

如果提前做完一项工作，不要急于进行下一项，也不要提前休息。你可以利用这段时间，回顾与反思一下，看是否有需要改进的地方。这样做，可以保证工作节奏不紊乱。

## 创建“备忘录”表格

完成了“今日待办”表格里的所有任务，并不代表当日工作就结束了。你需要在下班之前填写“备忘录”表格。

“备忘录”表格是对连日工作的一种追踪、总结和评估，同一张“备忘录”表格可以用很多天。

“备忘录”表格一般做成下面这个样子：第一列是日期，第二列是工作内容，第三列是对应完成时间，第四列是备注。

| 备忘录 | | | |
|---|---|---|---|
| 日期 | 工作内容 | 完成时间 | 备注 |
| | | | |
| | | | |
| | | | |
| | | | |
| | | | |
| | | | |

通过这些原始数据，你可以：

①清晰地看到自己每天完成工作的数量，对自己的负荷能力有个基本认知，并可在此基础上进行工作计划的增减安排。

②对重复性工作进行平均完成时间的统计，做到心中有数。

③对完成时间较长的任务进行拆分，使之成为更易于掌控的小任务。

总之，通过记录、回顾并总结这些数据，你可以看出自己工作方式的特点，以及尚待改进的地方，有助于提高工作效率。

记录→回顾→总结，收获更高效率。

制作并填写“备忘录”表格并非多此一举，其意义在于，它可以帮助你在数据分析的基础上持续改善。推动工作流程标准化，提高工作效率。因此可以说，是否拥有写“备忘录”的习惯，某种程度上决定了职场人工作效率的高低。

## ABCDE 工作法

时间管理的真谛在于选择。在工作中，很多人都会遇到这种情况：手头上有多项工作需要尽快完成。这时候，你就需要启用一个能够有效确定工作优先顺序的工具——ABCDE 工作法[①]。下面介绍这种工作法的具体分类标准。

A 类：重要且必须完成的事情。比如，拜访大客户、递交截点方案等。A 类工作如能完成，对团队和项目会有正向结果；如果不能按时完成，后果则会很严重。所以，必须优先处理。如果此类工作不止一个，可用 A1、A2、A3 进行标记。

B 类：应该做但完不成，后果并不会严重到不可承担的事情。比如，老板安排但没说明确截止日期的任务、就不久前集体拜访客户时发生的误会与同事进行沟通等，这些事情很重要，但不需要马上去做。

C 类：需要你本人去做，做了会有益，不做也不会有多大损失的事情。比如，给客户打回访电话、出席其他部门会议做分享等。这些事情可能对你的形象有帮助，或对未来发展有帮助，但不是必须完成。

---

① ABCDE 工作法由博恩·崔西在《12 个关键点》中提出。

D类：没必要亲力亲为、可以授权他人去做的事情。如果你是管理者，一定要学会授权。能让别人完成的事情，尽量让别人去做，这样你就可以专心去做A类事情。如果你只是普通员工，不是非你莫属的事情不必抢风头。

E类：与你的岗位职责无关的事情。这些事情可能只是你出于热情去帮助别人做的，或者在特定时间习惯去做的事情，但这些事情其实完全可以不做。对此，你需要学会说“不”。

请记住，在职场，不是你足够勤奋就可以做到井井有条，掌握了ABCDE工作原则，你才能工作起来游刃有余。开始使用ABCDE工作法时，你需要白纸黑字地写在纸上，或者打在Excel表格里，时间久了，想到一件事情，你立刻就能在脑海里对其完成分类了。

| ABCDE工作法 | | | |
|---|---|---|---|
| 重要级别 | 任务状态 | 内容描述 | 备注 |
| A1 | 100% | | |
| A2 | 60% | | |
| A3 | 20% | | |
| B | 20% | | |
| C | 20% | | |
| D | 0% | | 已交××代办 |
| E | 0% | | |

## 应对工作中断的有效策略

你是否经常会遇到这种状况：本来在专注做 A 类任务，因突发状况，被迫丢下原本的计划，去做别人的“救火队员”，结果耽误了自己的工作进度。

处理这种外部干扰，有 4 个要诀：

**对求助说“不”**

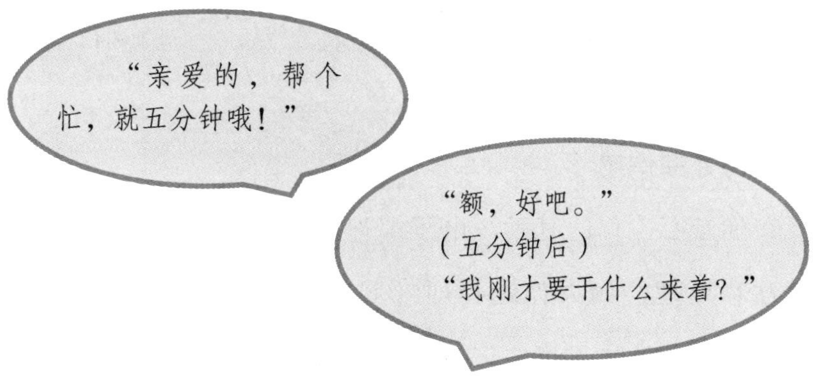


对于这种临时性求助，你可以礼貌地回答：“对不起，我正在专心做××，要不待会儿再说？”

如果对方坚持向你求助，你可以与其协商：“××时间后我再帮你做，可以吗？”也就是说，你要在可接受范围内，将对方的求助尽量往后安排。

征得对方同意后，你要把这项任务列入“待办清单”，以防忘记。如果答应的事情没能如期做到，别人对你的信任度就会下降。

当然，对人说“不”时一定要灵活。如果你在进行某项任务时，有人对你说“麻烦去帮我复印一下”，就个人情绪而言，确实不好接受，但事实上，你赶紧放下手里的工作去复印，会更加有效。因为敢打断你的工作让你帮忙复印的人，一定是你“惹不起”的人。与其推脱，不如尽快满足对方。

**预防超时会议**

应对时长不可控的会议，你可以这样做：特意把会见客户安排在会议后，在开会前就提示“我待会儿要见客户，×点必须得离开”，这样主持人就会有意识地把握节奏，一旦超时，你也可以理直气壮地中途退出。

**定时处理信息**

在你专心工作的时候，电子邮件和各种即时信息总会提醒你去关注和处理，如果你选择即时回复，很可能一天干不完几件事。对于这种信息干扰，你要养成定时处理的习惯。你可以每隔两小时浏览一次信息，集中回复一次。

**清单中预留“计划外紧急”事项**

面对各种突发状况，让你更省心省力的做法，是在“今日待办”中专门列出“计划外紧急”区域，做到有备无患。

此外，“思想多动症”也可能随时打断你的工作。有时候你正在努力专注工作，大脑中枢却要指挥你去干别的事情。比如，你在制作 PPT 的时候，会突然想起有个重要电话必须马上拨打，于是你就忍不住去打了电话，把 PPT 的制作抛在一边……这种自我中断，本质上是一种潜意识中的拖延。

针对这种自我中断，如何解决呢？你也可以临时将其加入“今日待办”表格。

如果你本想完全无视那个电话，却在制作 PPT 时总想起这件事，你就可以把“给×××打电话”列入“今日待办”表格，制作完 PPT 后马上去处理。

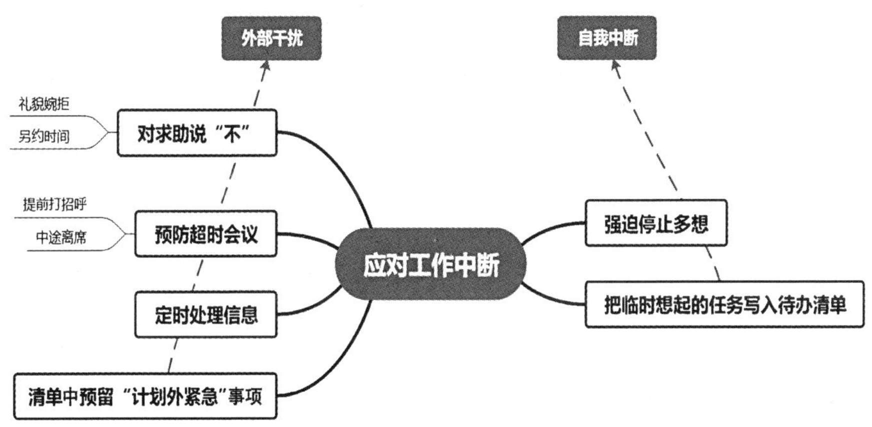


总之，处理临时想法的要诀就是——立刻写下来。

## 一心多用不等于高效利用时间

在同一时间处理很多事，通常被认为效率极高。

但是，时间管理专家对此无情揭露：这只是自欺欺人罢了。一个人同时处理多重任务，会削弱每一件事情的有效性。人的大脑确实可以同时容纳几组信息，但很难在同一时间对多组信息进行清晰有效的处理。

因此，一心多用等于用混乱代替专注，是时间管理的大忌。

效率概念的提出者利奥·巴伯塔对“高效率”的定义是：通过少做工作，去完成更多的任务。也就是说，真正的高效率是每次专注一件事情。同时执行多项任务，只可能是南辕北辙、事倍功半。

× 同时执行多个任务

√ 每次专注一件事情

只有每次专注做一件事，才能把事情一件一件地完成。

专心做一项任务之前，要把与任务无关的事统统放下，清空大脑，大脑里记着的只能是与当前任务相关的事情。直到当前任务完成，才能切换到下一项任务上。

为了避免自己一心多用，你可以：

①把手机调到静音状态。

②把专注的事情写在便利贴上，贴在显眼处，提醒自己不要走神。

③完成任务后再统一查看、回复信息……

以上这些抗干扰手段，会起到很大作用。

不可否认的是，现实中有很多人确实拥有很强的业务能力，能在与你相同的时间内，比你多做很多事情。为什么呢？

真正的秘密在于：高手看起来一心多用，实际上是每次只专注做一件事，而有着极快的、让你觉察不到的事件切换速度。

因此，如果你想成为效率高手，真正要训练的是如何每次专注做一件事，并缩短不同工作的切换时间，成为一个事件切换高手。

## 节约时间不等于有效管理时间

与“多动症”相对的，是另一个极端行为——“时间控”。

有种人很会给自己创造工作时间：大家等待开会时，他在工作；大家喝咖啡时，他还在工作；大家悠闲享受午餐时，他十分钟就吃完了，又去继续工作了；大家都下班回家了，他还在工作。

节约时间、压缩闲暇时间，是人们对时间管理的又一误解。比起机械地增加工作时长，有效利用单位时间才更加重要。时间管理的目标是用有限的时间换取更多的经验和金钱，把省下的时间用来享受生活，而不是尽可能地节约时间去做更多的工作。

在工作中，有的人时而萎靡不振，时而效率奇高，萎靡不振的时候可能连续几天都进入不了工作状态，状态来了就天天工作12个小时，能做出比平常高几倍的工作量。这是十分正常的现象。马克·扎克伯格就曾对员工说过：“当你在状态时，就多干点，不然就好好休息。”

因此你要做的，是将你的有效时间和你的有效精力匹配起来。状态不佳时就安心休息，精力充沛时就专心工作。时间管理所要管理的，从来都不是时间本身，而是你的精力和工作状态。

因此：

× 千方百计节约时间或寻找“额外时间”

√ 将有效时间和有效精力相匹配

你需要懂得时间管理的“二八定律”[①]和“黄金法则”。

“二八定律”认为，80%的工作成就来自20%的项目。比如，销售员80%的收入来自20%的拜访客户；投资人80%的收益来自20%的投资项目。因此，你要想做出好成绩，就要将80%的精力用在20%的最重要的任务上。“二八定律”告诫我们，不要付出更多的劳动，而要更聪明地工作。

那么，如何投入精力呢？这就是“黄金法则”所要回答的问题了——利用一天中效率最高的时段，去完成最重要的工作。

电影时长通常是两小时，为什么会有这样的设计呢？因为两小时是人能维持精神集中的最长时段。同样，一个人每天能高效处理工作的黄金时段，也约为两个小时。

黄金时段因人而异。如果你上午精力充沛，你可以把这黄金两小时安排在上午，这样你很可能用半天时间就完成了一天的工作；如果你是下午精力充沛的人，你最好在午餐后就开始“战斗”，因为下班前总会有各种干扰注意力的事情发生。

在进入你的黄金时段之前，建议你戴上眼罩，调整呼吸，用

① “二八定律”是意大利经济学家维尔弗雷多·帕累托于1906年照料菜园时首次发现的。他认识到，80%的可食用蔬菜只来自约20%的植物，于是将更多的精力用在管理高产植物上，蔬菜产量得以大幅提高。后来，他把这一现象引入自己的经济学研究。

仪式感满满的行为，来提醒别人：接下去两小时请勿打扰。如果你实在无法集中精力，可以暂停工作，开始整理自己的办公区。动手整理可以让自己的注意力慢慢集中。

如果整个团队需要集体专注工作，周遭的办公环境却比较嘈杂，你可以假借开会的名义来追赶工作进度。也就是说，你可以借此机会独占一间会议室，带领全员携带个人电脑去工作。在外人看来你们是在开会，实际上是你在主动制造黄金时段。

## 拖延的最大误解是自认懒惰

众所周知，时间管理的大敌就是拖延。拖延一般被定义为延迟对某件事情采取行动，转而去做另一件事，或者什么事情都不做。

通常，人们是把“拖延”跟“懒惰”画等号的。事实上，把“拖延”归结为“懒惰”，只是看上去很合理，实际上是在回避根本问题。

除了“懒惰”，导致你“拖延”的原因还有很多，比如：

### 担心失败

你迟迟不愿采取行动，是害怕做错事，或者担心可能带来某种可怕的后果。这种担心，要么是因为不熟悉特定任务或流程导致的，要么是因为过去的失败经验所致。

### 约拿情结

约拿情结就是对成长的恐惧，它来源于心理动力学理论上的一个假设：“人不仅害怕失败，也害怕成功。”经常会有人问自己这样的问题：“我有能力带领团队走向成功吗？我有能力满足老板的期望吗？如果我失败了，前途是不是彻底毁了？”总之，在机会面前，他们自我逃避、怀疑自己，最终导致了“拖延”的出现。

**完美主义**

坚持超高标准，这是一种优点，但它会阻止你迈出第一步。

**压力过大**

人在被压得喘不过气的时候，往往会什么都不想做。

**兴趣缺失**

如果你对某项任务不感兴趣，就会无限期拖延。

**情绪失控**

当你的心情遭到破坏时，往往会毫无工作状态，工作进度被大幅拖延。

**选择困难**

任务过多时，有的人反而会不知道从何做起，因此会显得犹豫、拖延。

**屈服诱惑**

当某项工作能带来明显的好处时，人们会本能地选择优先执行；对于好处不明显的任务，很多人会选择一拖再拖。

**风险较低**

当不完成任务的后果不严重时，人们也会选择延迟推进。

**躺平思想**

有些人骨子里对勤奋工作感到厌恶，总是能拖就拖。

总之，用一句“我很懒”来掩盖自己对时间管理的不作为，是再容易不过的事情。只有开始正视自我，才能真正克服“拖延”的毛病。

尽管拖延的原因很多，但克服拖延的有效对策只有一个：养成立即行动的习惯。

你可以尝试以下办法，来慢慢克服“拖延”的毛病：

### 先干 10 分钟再说

如果“待办清单”中不止一项艰巨的任务，那就从最棘手的任务开始做起。不管内心有多抵触，先坚持做 10 分钟再说。

### 及时犒赏自己

比起做“对”的事情，人们更倾向于选择做“让人开心的事”。对于没有吸引力的任务，你可以通过设置奖励的方式来推动。比如，你可以在完成某项“无聊”任务后，允许自己看几分钟八卦新闻，或者吃一顿豪华午餐。

### 压缩完成时间

对于自认为两小时就能轻松完成的任务，你可以尝试用一个半小时做完。

### 设定截止期限

设定截止期限是目前最强大的效率提升工具。它能够让人突破极限，理清思路，集中精力，并能阻止自己找借口。你也可以邀请别人来给自己设定截止时间，强迫自己按时完成。

### 屏蔽环境干扰

工作的时候可以戴上耳机，关掉社交媒体网站的通知。

### 停止消极暗示

当发觉自己在自我怀疑时，要果断停止思考，专心工作。

**拆分目标**

将大项目分解成易管理的小目标，避免被压得喘不过气来。

**卡片提醒**

在口袋里装一张卡片，随时随地提醒自己关注目标。

**反拖延条件反射**

发觉自己想要偷懒的时候，你可以立刻采取措施进行制止。培养和强化这种反拖延条件反射，将会对你大有裨益。

**可视化想法**

可以通过手写、打印或手机便笺等方式，随时记录关于工作的各种想法。

# Part 2

# 空间整理的技能与误区

## 空间整理就是学会做减法

工作空间杂乱也是时间杀手。为了高效工作，要尽可能在办公区域做减法，少放物品，留出更大的空间，让你把时间和精力从收纳物品上解放出来。

整理办公空间，应遵循以下五大原则：

### 把物品当作人际关系来处

只有把办公物品当作职场人际关系来处，你才会发现它们的真正价值。事实上，物品和同事的功能是一样的，都是帮助你完成工作任务的。

所以，在整理之前，你应当把物品像同事一样进行分类：

利用率极高的物品，就像互动率极高的同事；

用于特殊项目的物品，就像不得不合作的同事；

完全可以忽视的物品，就像维持表面和谐即可的同事。

预先梳理清楚物品的价值，有助于你快速安排它们在办公区的位置。

### 以“现在”为时间尺度

“断舍离”[①] 的时间轴永远都是“现在”——“现在”不需

① “断舍离”理念因日本山下英子2009年出版的《断舍离》而逐渐流行。

要的东西必须丢掉，既包括“过去”用到的，也包括“未来”可能会用到的。实际上，“现在”必需的物品，通常只占你“现在”所拥有物品的20%。

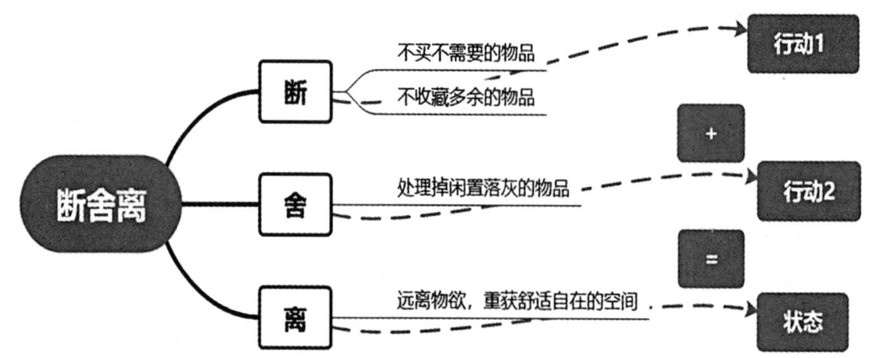


比如，桌面清理可以参考以下标准：

①凡是一周没动过的物品，把它们从办公桌上拿掉。杂物入柜，旧物进箱。

②用扎带将多余的电缆捆扎起来。若条件允许，尽量使用无线产品。

③清理掉与工作无关、会让你分神的小件物品。

④核计下周所需的笔、笔记本和便利贴等文具，放在显眼处，把多余的收起来。

⑤把工作中要用到的合同或文件放在桌子左边，已完成的合同马上收走，无用的文件粉碎掉。

⑥桌面上只摆一个水杯，把吸管、餐勺、零食、纸巾、抹布等全都收纳起来。

⑦每天下班前整理桌面，丢掉不需要的东西。

### 物品摆放“651”法则

具体摆放物品掌握以下三个原则：

①抽屉、柜子等封闭空间，只需放满六成，目的是方便拿取，节约时间。

②半封闭、半透明的收纳空间，最好只放满五成。

③经常需要展示的空间，只放一成东西，甚至只放一件物品。

养成限制物品数量以及有序摆放的习惯之后，你的日常整理工作就会变得异常轻松，让你颇有成就感。

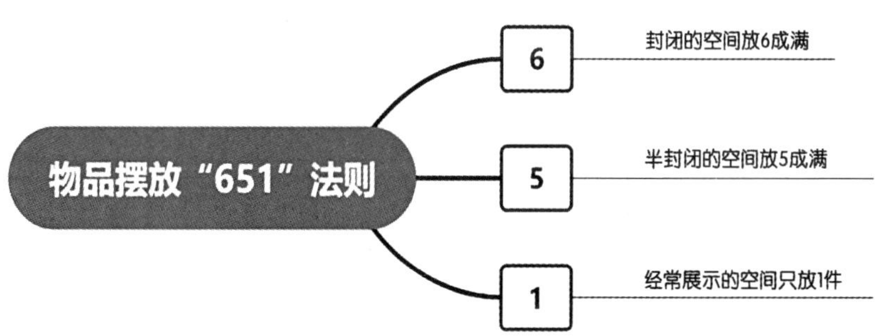


### 整理三分法

想要把东西整理得井然有序，你要遵循“三分法”原则。经过收纳专家的亲自验证，使用“三分法”归置物品，能够很快将杂乱的物品安排到位。具体做法如下：

①审视所有物品，把物品大体分为三个大类。

②将每个大类的物品，进一步分成三个中类。

③将每个中类的物品，进一步分成三个小类。

比如，你可以这样做：

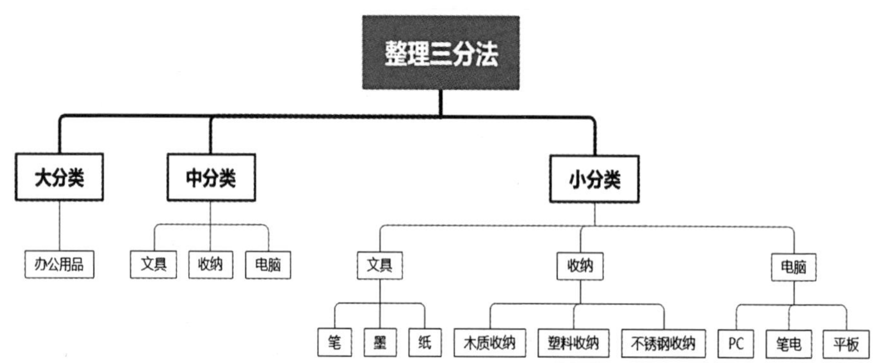


## 保持记录的习惯

为了防止在清点物品上浪费时间，你可以培养做记录的好习惯。每次整理之后，你都可以将收纳空间内的物品再检查一遍，列出清单，下次整理时就不用花费过多时间。有些整理高手还有记录“整理心得”的习惯，通过记录整理过程中的心得，来不断积累整理经验，让整理变得更高效。

## 超实用的办公桌整理术

在空间整理上，整齐≠高效。有些人的办公桌看着整洁，但找起东西来十分费力。可见，“强行”整齐并不意味着高效，因为整理办公桌的目的是方便找东西，并且不浪费过多时间。

在进行整理之前，建议先将办公桌的区域分为左、中、右 3 个部分。

一般而言，电话放在桌子左边，便于边接听电话边做记录。

中间位置放置电脑和椅子，便于人们以最舒适的坐姿办公。

右侧集中收纳文件夹、笔筒之类的文具。

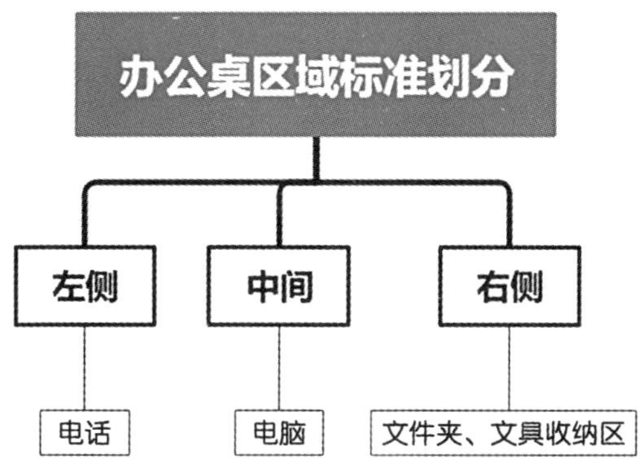


进行整理时，应遵循下面几条原则：

**常用的放桌上，不常用的收起来，长久不用的丢掉**

办公桌上应只放置办公必需物品，非常用必需品应撤离桌面办公区域。比如，笔筒里建议只放两支常用的签字笔，麦克笔、荧光笔等非必要、不常用的笔，应收纳在抽屉里备用，不好用的签字笔或铅笔应立即丢弃。

**依习惯定位摆放，使用后立即归位**

给物品“定位”，说起来简单，做起来却很难。你可以从一个水杯开始培养习惯：给自己的水杯配个杯垫，摆放在固定位置，以提示自己喝完水就把它放回原位。

**物尽其用，越快扔掉越好**

办公桌旁边放个垃圾桶，方便你把作废的文件和不好用的文具尽快丢掉，时刻让自己拥有一张整洁的办公桌。

**养成定时定点清空的习惯**

尽量在每天下班前，把各种办公物品放回原位，把多余的物品丢掉，把垃圾清理掉，方便次日一早可以快速进入工作状态。

**善用收纳工具，分格整理**

善用隔墙、桌下空间、抽屉等区域，利用各种收纳容器，把待整理的物品和杂物收入其中，以解放桌面空间。

说到收纳工具，推荐使用以下几种：

**塑料收纳箱**

对于任何空间，塑料箱都是很好的收纳用具。半透明的塑料箱，让你可以不费力翻动就可以看清箱内物品，用起来十分方便，且收纳物品整齐有序。

### 文件盒

文件盒有两种：一种是便于观察和取放物品的斜切台式文件盒，一般用来收纳清洁布和备用纸袋、垃圾袋等；另一种是四角式文件盒，一般用来收纳图书、杂志、档案袋等。

### 透明封口袋

很多人面临这样的困扰：一旦把物品放进袋子，就常常会忘记使用，尘封许久。因此，很多人要么选择不装袋，要么就装入透明封口袋。你可以把文件分门别类地装入不同颜色的袋子，贴上标签，方便日后查找。

## 超实用的抽屉分区整理术

很多人将抽屉用作“藏污纳垢之所”，收纳其中的物品往往堆叠无序，翻找起来十分麻烦。那么，如何将抽屉整理得既井井有条，又方便物品取放呢？分区收纳是个不错的选择。

抽屉物品摆放应遵循下面 3 个原则：

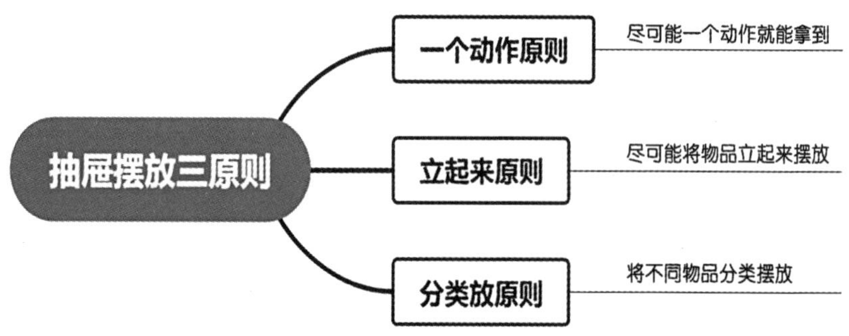


### 一个动作原则

如果拿取一个物品要超过三个动作，人就会觉得麻烦，最后索性把它随意地扔在桌面上。因此，物品摆放应尽量做到拿取只需一个动作即可完成。比如，尽量去掉物品的外包装，能并排摆放的尽量并排，能不捆绑的就不要捆绑。

### 立起来原则

应尽量把物品立起来摆放，这样就不用从下面抽取，不会弄乱抽屉。立不起来的东西该怎么办呢？可以先将其卷成筒状，再竖着摆放。

### 分类放原则

人们去便利店、超市购物时，会看到所有商品都是按种类陈列的，这样既方便人们挑选想要的商品，又方便店员配货。物品混放不好拿取，所以你要养成分类收纳的习惯，尽量把使用频率高的物品放外侧，使用频率低的物品放里面。

说完抽屉摆放原则，再推荐一个超实用的抽屉整理工具——分格整理盘，它可以帮你有效划分抽屉空间，方便你进行各种办公物品的收纳。

很多人的办公桌上会摆放一些零散的小物件，如剪刀、胶带、钢笔、订书机、信封、名片、图章等。分格整理盘可以帮你为每种小物件设置专用的存放空间，特别方便取放。

## 超实用的文件归类整理术

文件是经常用到的物品，对其整理也是为了方便取用、节约时间。对于它的整理，也应遵循 3 个基本原则：

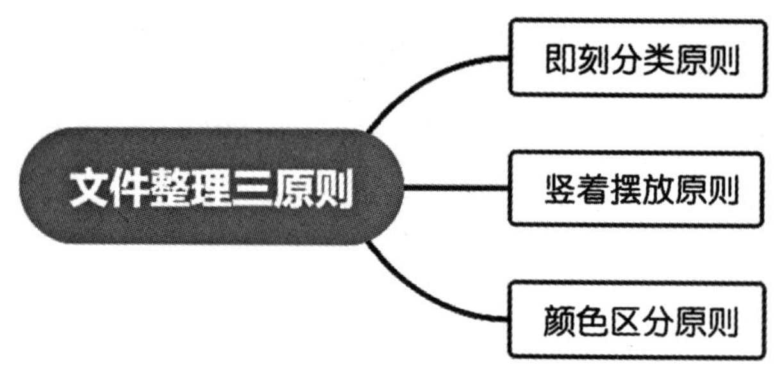


### 即刻分类原则

手头上的文件一般可以分为以下三类：待处理、正在处理和已处理。这些文件都需要短暂的保存，区分完成后再根据项目情况进一步处理。

### 竖着摆放原则

所有的文件都应用文件夹进行分类，然后竖起来摆放。竖立收纳可以节约空间、方便查找。

### 颜色区分原则

用不同颜色的文件夹管理文件，是一种很好的文件管理方式。但要注意的是，不要用太多种颜色的文件夹，以免因颜色繁杂而影响桌面整洁，甚至增加寻找文件的难度。

推荐一个实用的文件整理工具——风琴文件夹，它可以帮你省去不少贴标签的时间，并且使用起来十分方便。如图所示：

对于暂时不用的文件，又该如何处理呢？你可以把它们存放在一个“暂存箱”，放在办公桌下面或公共储藏室里，利用休息时间慢慢整理。总之，不要把它们堆积在桌面上。

# 超实用的电脑空间整理术

电脑空间会堆满各种垃圾信息，这是耗费时间、影响效率的一大因素。因此，对电脑空间的整理非常有必要。

## 一、电脑桌面整理

### 桌面保留 3～5 个图标

养成及时清理“回收站”的习惯很重要，这可以使你的电脑顺畅运行。一些整理高手，甚至会只在桌面上留一个回收站。

### 任务栏图标不超过 2 个

你可以对任务栏进行隐藏设置，一般只保留 2 个常用图标就可以了。设置方法如图所示：

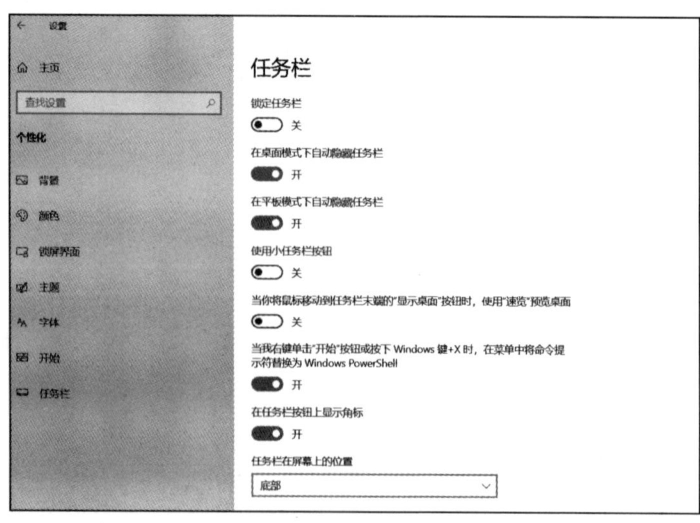

### 开启免打扰模式

默认状态下，电脑会向你提示各种动态、信息，这些弹出的信息确实很烦人。你可以在电脑“专注助手”里进行设置，关闭会影响你认真工作的弹窗，屏蔽不值得接收的信息。方法如图所示：

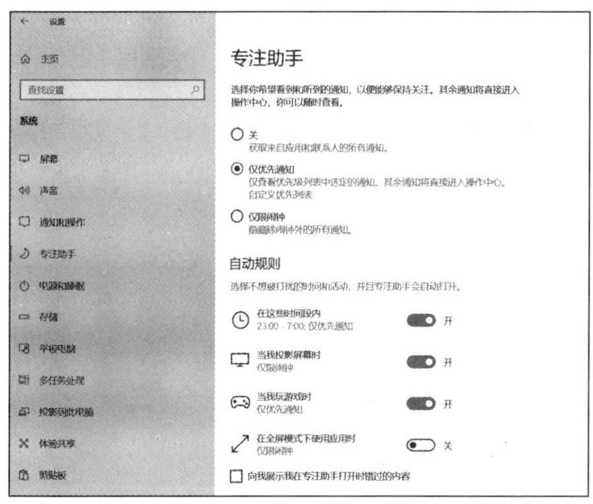


## 二、硬盘整理

### 定时清理垃圾文件

电脑程序主要在C盘内运行，会逐渐在C盘中堆积垃圾文件。C盘的状态决定了电脑系统的运行速度，会直接影响你的工作效率，因此，最好每天整理一次C盘。打开控制面板中的“程序和功能”，你可以将不再使用或自动安装的应用程序进行卸载。

很多人习惯把有用的应用程序直接安装在C盘，结果占用了

C 盘的大量空间，建议把下载设置存放在其他盘；如果下载量很少，只需要把已下载的应用程序移动到其他分区即可。

也有人会将大量的用户资料文件，默认保存在 C 盘，如果想让电脑运行顺畅，应当将它们转移到其他分区。

Windows 操作系统的“Windows 虚拟内存”和“系统休眠”功能，在默认状态下也都会存放在 C 盘上，挤占了大量空间。你可以将“Windows 虚拟内存”转移到别的分区，将“系统休眠”功能关闭。

如果嫌手动搬运麻烦，可以下载一个“C 盘搬家工具”。

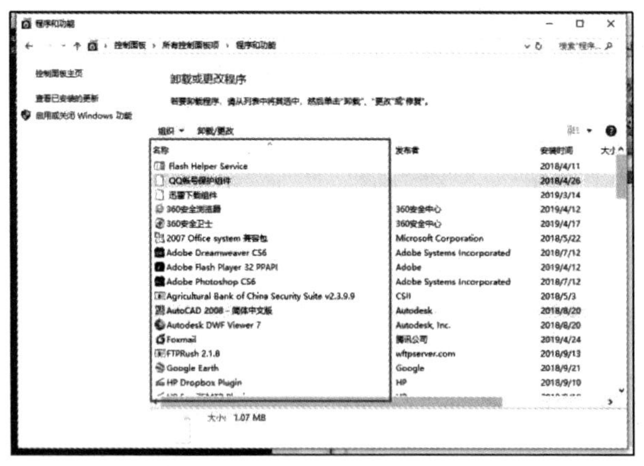


对于除 C 盘外的其他分区，你要做到每星期清理一次。除了利用软件定期“全面清理”之外，还要养成及时手动删除垃圾文件的习惯。图景相似的照片，只需留下自己最喜欢的那张即可。过时的软件、素材、课件等，也应及时删除。与工作无关的文件，尽量不要留在办公电脑里。

### 进行文件分类

清理垃圾之后，要对有价值的文件进行编号并分类存放在不同的文件夹里，方便日后查找。比如，你可以对项目文件进行如下分类：在沟通项目、在进行项目、结案项目、未达成项目。

01 在沟通项目
02 在进行项目
03 结案项目
04 未达成项目

### 文件的迁移和备份

已经进行过分类处理的文件夹里，也依然会藏着一些长期不用的文件。对于这些不确定是否可以删除的文件，你可以新建一个“临时文件夹”，将其暂时存入留观一段时间。对于一些长期使用的文件，你可以考虑把它从原有的文件夹里迁移出来，新建一个“常用文件夹”予以存放。

## 每天整理一点，一辈子整理不完

一想到满屋子的东西需要收拾，很多人就开始打退堂鼓：“还是以后再说吧！”

一些积极的人则是选择“每天收拾一点点”，因为他们相信总有收拾完的时候。

即便如此，也还得说，这些“积极”的人，其实对“空间整理”存在极大的误解。因为每天整理一点，很可能一辈子整理不完。

× 每天整理一点

√ 一次整理完

“收拾”这两个字给人的感觉，就是它是一种人们不情愿但不得不做的事情，如果可以选择，很多人会选择能不做就不做。

因此，当你觉得整理很麻烦的时候，要这样转换思维：我现在要“断舍离”了，而不是“收拾”！

这个简单的概念置换，会让你的心情发生巨大转变。为什么会如此奇妙呢？因为“收拾”视物品为“敌人”，于是那些不得不被“收拾”掉的东西，也就成了烦恼的来源。“断舍离”视物品为“战友”，那些用不到的东西根本就没有存在的价值，清除了它们也就没有了烦恼，眼前所见皆为“战友”，心情自然就舒畅了。

被“收拾”思想支配的人，会本能地认为，收拾房间必须要花费大段时间去做。主张“断舍离”的人则持相反的观点：就算再忙，也可以利用碎片时间，立刻开始。

要做到“断舍离”，需遵循以下两个原则：

**聚焦一个场所**

根据当下能挤出来的时间多少，计算可以“断舍离”的场所。如果可利用的时间很少，你可以对一个抽屉进行“断舍离”；就算只有短短的几分钟，你也可以对报销单进行“断舍离”。记住，一定要选择与时间匹配的场所。

**一次整理完**

要做到“断舍离”，就要避免拖拖拉拉、半途而废。半途而废既无法得到应有的成就感，又会浪费时间，导致办公环境变得更加混乱，隔天重新进行“断舍离”时，还会花费更多的时间、情绪、能量，得不偿失。因此，“断舍离”要尽可能一次做完。

## 越是擅长收纳的人，越容易堆东西

尽管以上介绍的整理术都超实用，但必须指出的是，“断舍离”的本意并不是要把人变成收纳高手。事实上，善于收纳才是“断舍离”的大敌。

× 整理＝善于收纳

√ 整理＝减少收纳

很多人都曾试过耐着性子动手收纳物品，但最终因为不善收纳而不了了之。也有人费尽九牛二虎之力把物品整理好了，过不了多长时间又会恢复原貌。

与其跟自己较劲，为什么不去思考根本原因呢？

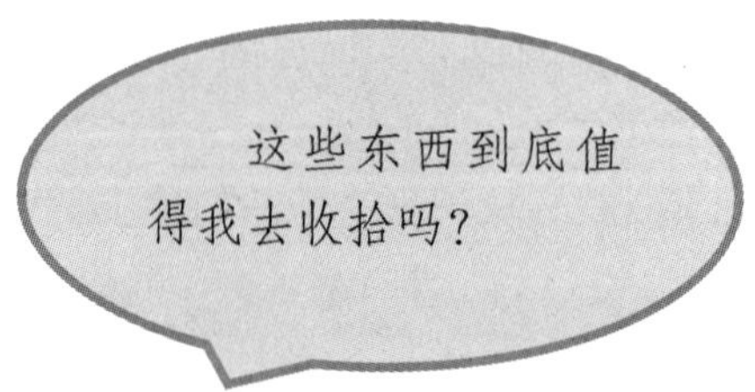


“断舍离”本质上是尽量不收纳的整理法。

善于收纳的人，习惯做一种事情：把暂时用不上的物品，改变一下形态，换个地方存放。

选择做“断舍离”的人，会把用不上的物品直接丢掉，通过彻底舍弃，来给自己增加空间。

可见，“断舍离”的目的不在于把空间收拾得多么干净整洁、井然有序，而是要实现自我的肯定与解放。

收纳术的着眼点是如何保管物品，“断舍离”理念是以不断地循环代谢为前提，让空间永远保持变动流转的状态。

“断舍离”不提倡学习过人的收纳技巧，它倡导的是要减少空间内的物品，甚至舍弃必要的收纳工具。

养成“断舍离”的习惯之后，也许你会懊恼：过去我竟然在这些垃圾上浪费了那么多时间和能量！“断舍离”就是以断然丢弃的方式，夺回被浪费的能量。

通过“断舍离”，个人还会变得“高级”起来。为什么会这样呢？

因为每个人的生活中都有一些既舍不得扔也舍不得用的物品，会放在角落里任由它落满灰尘。这表面上是你因为它“太好了”不舍得用，实际上是你在潜意识里觉得自己配不上它。

一个人所使用的物品，能够反映出当下的自我形象。如果你认识到这是潜意识在作怪，你就会立即把现在正凑合用的物品替换掉，转而允许自己使用更高级的东西。这种思想一旦生根发芽，你整个人就会变得不一样了。

## 整理的敌人："可惜""总有一天"

许多人的工作空间之所以会杂乱地堆满各种物品，是因为他们从骨子里就认定了一条"真理"：乱丢东西就是最大的浪费，自己总有一天还会用到它们。其实，让物品闲置不用，才是最大的浪费。

× 丢掉物品是最大的浪费

√ 闲置不用是最大的浪费

"断舍离"与单纯的扫除、收拾、清洁不一样。"断舍离"的主角是"我"，而不是物品。有的人会这样想："它总有一天能用掉，丢掉太可惜了。"这是典型的以"物品"为主角。

其实，正确的思考逻辑应当是这样的：我会用到这东西，所以它有留下的价值。

"断舍离"的时间轴永远是"现在"，"现在"不需要的东西就必须放手。

于是，在你将选择的主角转换成"我"之后，你就可以说："我现在会用到这东西，所以它可以留下；我现在用不到这东西，所以我要丢掉它。"

对于别人送给自己的东西，很多人会认为尽管一时用不上，也绝不应丢弃，因为他会觉得迟早有一天能派上用场，然而那一天却迟迟没有到来。有的人明明知道某物品毫无用处，却一直存放在角落里不肯丢。诸如此类的物品，若是以“现在”这个时间点来衡量，都属于“没用的”“垃圾”。

下表可以让你对“收拾”和“断舍离”的区别一目了然：

| | 收拾 | 断舍离 |
|---|---|---|
| 意识 | 被动 | 主动 |
| 主角 | 物品 | 我 |
| 价值观 | 总会能用 | 当下有用 |
| 整理技术 | 需要 | 不需要 |
| 处理态度 | 犹豫回避 | 当下决断 |

要做到“断舍离”，千万不要只在口头上高喊“我要断舍离”，行动上却是“把扔掉的东西再捡回来”。如果你能对当下用不到的东西“痛下狠手”，狠心清理掉它们，你的工作环境和工作状态就能发生深刻的变化。

做到“断舍离”需遵循以下“留物三原则”：

### 需要

清理物品时，坚持一个标准：自己 3 个月内是否会用到它（也可以降低这个标准）。那些会让你犹豫的物品，最后都被证明是你不需要的。

### 合适

你还需要问自己："用着顺手吗？"有些必要但使用不顺手的物品，也可以丢弃。比如书写不畅的笔，每次开会做笔记都会掉链子，真的没必要继续留了。

### 舒服

你要明确，被你留下的物品是否匹配你的审美。很多人喜欢绘画和摄影，会在美术馆悠闲地消耗时间，因为美好的事物总是让人心情好。让身边充满自己喜欢的、赏心悦目的实用物品，你会有更好的状态和心情去处理工作难题。

有时候，你可能会觉得某种物品丢弃了实在太可惜，可以选择转送他人。需要注意的是，在你把这件物品送给朋友时，千万不要说"我不要了，送给你"，而是要说"请收下"。试试吧，你会体会到其中的微妙差异。

# Part 3

## 信息整理的技能与误区

## 不被互联网虚假信息干扰的方法

除了整理现实空间外，你的大脑空间也需要整理。

在资讯丰富的互联网时代，大脑每天都被海量的信息侵占，会极大地损耗你的注意力。

你可能经常会这样做：开始工作前，你打算浏览一下新闻、朋友圈……不知不觉间就过去了30分钟。

面对巨量的信息资源，你的大脑无时无刻不在面临着超负荷运转的危险。一旦超载，也许就会造成大脑无法及时处理、储存信息，也无法做出正确选择和决策这样糟糕的局面了。而这些信息中，有30％～90％的内容与你毫不相关，它们只会加剧你对信息超载的主观感受。

碎片化的信息通过活跃的反射脑源源不断地涌入大脑，会大大挤占思考脑的空间。一旦思考脑的功能受到抑制，你就很难进行深入、广泛、超前的思考。

如果大脑白天始终处于被动应激状态，夜间在整理、储存信息时就会受到极大影响。这就是现在的年轻人普遍睡眠质量差、大量脱发的原因之一。

那么，如何才能不被互联网信息干扰呢？你可以试一试以下方法：

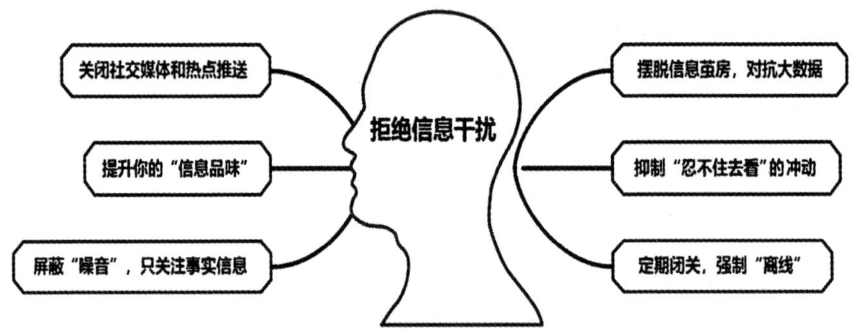


## 关闭社交媒体和热点推送

高效率的人工作时只留意有用的信息，即与目标相关的信息。社交媒体和热点推送的内容，通常对工作没有太大价值，它们只会塞满你的头脑，干扰你的思考和记忆。你需要把分散注意力的 APP 删除，把桌面“弹出信息”功能关闭。

很多人怕落伍，每天追逐热点。其实，大可不必这样做。网络上的热门话题多半是人为制造的营销性话题，通过迎合人们的猎奇心理来博取眼球。避免落伍，你只需要养成浏览“新闻简报”和“热搜榜”的习惯就好了。

## 提升你的“信息品味”

想要提升“信息品味”，就要找到好的信息源。好的信息源往往有确定的内容主题和范围，专注于某个领域，通常是具备以下特点的内容：垂直、深度、独家、不过度营销，且经过第三方审核或者担负法律责任。如何找到这类信息源，在接下来的“搜索技巧”中会讲到。

### 屏蔽“噪音”，只关注事实信息

平台炒作、营销博主炒作、公众号文章泛滥……针对充满“噪音”的信息文章，你要做的是，注重搜集和获取事实信息，对各种哗众取宠的解读、评论视若无睹。这里所说的“事实信息”，既包括基于大量样本调查得到的数据，也包括深入的、富含细节的描述性信息。

### 摆脱信息茧房，对抗大数据

美国学者凯斯·R. 桑斯坦（Cass R. Sunstein）在《信息乌托邦——众人如何生产知识》中提出了“信息茧房”概念：人们在信息领域会习惯地被自身的兴趣所引导，从而将生活桎梏于像蚕茧一般的“茧房”中的现象。对观看癖好的放纵，是我们荒废时间的最大原因，也是大数据将你轻易“俘虏”的根源。

抖音、快手、小红书、哔哩哔哩等网络平台的自动推荐系统，是基于内容、用户特征、环境特征三大维度来推送的。对此，你可以进行反向操作：①不断变换观看内容，让自己的兴趣尽可能呈现多元化，搜索栏不停变换关键词。②定期改变个人信息，变换性别、年龄、职业等。③不断切换城市，或者直接关掉“地理获取”功能。

### 抑制“忍不住去看”的冲动

想抑制“忍不住去看”的冲动，就要时刻都在有意识地控制自己。你可以这样做：①重新设置手机，必须点 5 次才能看到邮件。②定时关闭手机，重新开机需要花费 50 秒，还需要输入密码，可以有效减少浏览的欲望。③通过 APP 设定只在特定时间在线（有许多 APP 可以帮助你拦截所有不必要的联系，只允许你在特定的时间段在线）。

### 定期闭关，强制“离线”

比尔·盖茨有一个习惯：每年抽出两个星期的时间闭关，也就是一个人待在一个地方，只看书和思考，不允许任何人因为任何事情打扰他。所有的声响被关在了屋外，世界突然安静了，专注思考也就此开始了。

## 超实用的信息搜集技巧

在当下这个信息爆炸的时代，“搜索信息”也是一项必备的能力。很多时候，你的信息搜索速度决定了你工作效率的高低。

信息搜索需要面对 3 个根本问题：搜什么、哪里搜、如何搜。

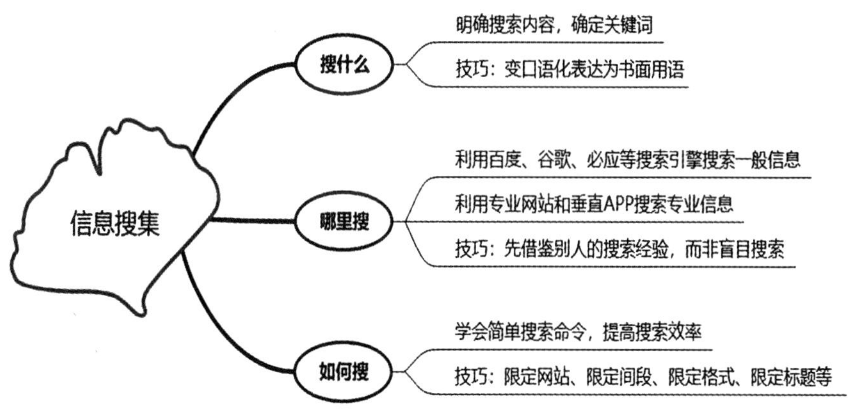


### 搜什么

你要明确自己打算查找什么，清晰表达你的搜索诉求，以确定关键词。

一个技巧是：变口语化搜索为书面用语搜索。搜索引擎的工作原理是关键词匹配。口语化的词语只会带来很多垃圾信息，关键词越精准就越能带给你精准的内容，搜索效率才会提高。

比如，你可能想搜索“怎么把苹果手机照片传到电脑上”，于是你可以搜索关键词“iphone 照片 电脑导入”，从而快速找到能帮到你的办法。

**哪里搜**

一般来说，信息可分为两种：专业类信息和一般信息。

专业类信息，应该整理出常用行业网站，收藏在浏览器的“收藏夹”里，方便你需要时就能直接查找，比如 PPT 模板网站或图片素材网站，它们可以在你制作 PPT 时为你提供便利，而不用你再去百度上漫无目的地查找。又如摄影、设计、新媒体等方面，也都有很多实用的素材网站、交流论坛、垂直 APP 等，这些都可以收藏起来。

三个实用网站推荐

1. 常用行业网站：大数据导航

2. 各种类型搜索集大成者：虫部落快搜（帮你找到百度之外的搜索引擎）

3. 常规使用谷歌：谷歌镜像搜索

你也可以根据同行做法进行搜索：先搜索一下同行做过的类似案例，利用他人经验快速查找你需要的信息。比如，你打算近期举办一个线下活动，可以直接搜索吴晓波和罗辑思维的做法，根据他们的新闻报道找到活动流程，甚至可以根据他们的承办方直接确定适合的合作对象。

而一般信息，靠百度、谷歌、必应等搜索引擎就可以了。

现在知乎和微信也有很多高质量的内容，用浏览器直接搜索这两个平台的内容会更方便。

**如何搜**

通常，你可以通过百度可以找到大量信息，但是搜索出来的信息来源混杂，甄别起来很浪费时间。若是能学会一些简单的搜索命令，你就可以提高搜索效率。比如：

**利用 filetype 命令搜索特定格式文件**

公式：关键词＋空格＋filetype：＋文件类型

filetype 是计算机编程命令，可以用来准确搜索 PDF、DOC、RTF、XlS、PPT 文档。如果你在百度搜索“电子营销”，搜索到的可能只是一般介绍，而不是你希望的文本。如果你在百度搜索“电子营销 filetype:txt”，那么你搜索到的就会都是 txt 文件；搜索“电子营销 filetype:PDF”，那么你搜索到的就会都是 PDF 文件。

需要注意的是，filetype 后的冒号必须为英文格式，中文格式的冒号不起作用。

**利用 site 命令限定在某一网站搜索**

公式：关键词＋空格＋ site：＋搜索的网站

如果你知道某个网站有自己想要的信息，可以通过这种方式在网站里进行精准搜索。使用这种方法时，需要注意以下几点：

①site 后的冒号必须是英文格式的，不能是中文格式的。

②限定网址前不能带“http：//”，后边不能带斜杠“/”，网址中不要用“www”。

③关键词可以有多个，相邻关键词之间以空格隔开。

④关键词既可以在“site:”前，也可以在“site:”后，搜索结果是一样的。

**用减号命令去除不想看到的信息**

公式：关键词＋空格＋减号＋关键词

利用“－”命令，可以屏蔽部分内容。比如，你搜索“隆鼻干货分享 －广告－推广”，就可以过滤掉不少垃圾信息。

同理，当你使用“＋”命令时，增加关键词，则可以搜索到更多信息。比如，你搜索“隆鼻干货分享 ＋医院”，就能得到更加精准的医疗信息和相关推荐了。

**利用 intitle 命令限定标题搜索**

公式：关键词＋空格＋intitle：＋需要限定在标题中的关键词

比如，你要搜索“刘震云 intitle:综艺”，搜索出来的结果将是含有限制性关键词“综艺”且含有“刘震云”的标题。

**利用“..”命令限定时间搜索**

公式：关键词＋空格＋20××＋.. ＋20××

比如，你要搜索“房地产分析 2019.. 2021”，搜索出来的结果将是2019年～2021年这三年的房地产分析信息。

**用“”或《》命令精确匹配**

公式：“关键词”或《关键词》

双引号命令是准确查找含某个关键词的命令，在搜索关键词为电影、电视剧和书籍等的时候非常方便，如果搜索关键词为图书，则加书名号会更加精准。比如，你搜索“悲伤的故事”，得到的信息就会很复杂，如果你搜索的是“‘悲伤的故事’”，那么你的搜索结果就会是影视作品；如果你搜索的是“《悲伤的故事》”，除了影视作品外，你还会搜索到相关的书籍。

## 快速查阅文献信息的 SQ3R 法

在工作中，你难免会需要查阅文献信息，有的文献资料很长，一天都读不了几篇。这时候，你可以尝试一下“SQ3R 法”，相信你的查阅效率会有很大提升。

“SQ3R 法”是由美国教育心理学家弗朗西斯·罗宾逊提出的。[①] “SQ3R”严格来说是 SQRRR，为浏览（Survey）、提问（Question）、阅读（Read）、梳理（Recall）、回顾（Review）五个单词的首字母缩写。

<table>
<tr><th>S</th><th>Q</th><th>3R</th></tr>
<tr><td rowspan="3">1. 浏览<br>（Survey）</td><td rowspan="3">2. 提问<br>（Question）</td><td>3. 阅读（Read）</td></tr>
<tr><td>4. 梳理（Recall）</td></tr>
<tr><td>5. 回顾（Review）</td></tr>
</table>

### 浏览（Survey）

快速浏览资料的结构、中心思想和结论，形成对文献资料主题思想的大致了解，初步判断该文献资料是否有用。

① 弗朗西斯·罗宾逊在其 1946 年出版的《有效的学习》中，第一次提出“SQ3R 法”。

**提问（Question）**

浏览文献资料各部分的标题及承上启下的句子，尝试提出一些问题并自问自答，解读出“资料的重点是什么”并记录下来。

**阅读（Read）**

从头到尾地精读，对于重点、难点要反复读，随时记录下自己的感受和困惑（此时可以启动下文将要讲到的“康奈尔笔记法”）。阅读过程中，你可以在疑惑处和关键点上做标记。

**梳理（Recall）**

阅读结束后，对文献资料内容进行回忆和梳理：先对照在“提问”环节提出的问题进行检验，看是否与自己的判断有出入；接着重读“阅读”环节做记号的部分，通过查阅相关资料来解惑，争取不留疑点。

**回顾（Review）**

检查是否有遗漏，写下阅读该文献资料的心得、想法或问题。如果是用于考试的学习资料，这一步可叫做“复习”，一般在“梳理”环节完成后的一两天内进行，一段时间后再重复一次，如此便可以巩固所学知识，并在“温故”的过程中获得新的体会，形成对该文献资料内容的长期记忆。

## 利用一页纸整理信息的方法

报告书不知道从何写起……

PPT 总是做不好……

工作和生活上都堆了很多事要做，不知道从何做起……

其实，这些问题都不是表面上的技术问题造成的，而是头脑中信息混乱的结果。

大脑中信息混乱、条理不清晰、没有重点，都会让你在工作面前不知道怎么说或怎么做，最终就是不会采取任何行动。只有真正清楚了自己想做什么、要什么，才能有明确的行动。

如果能将混乱的信息整理成“一页纸”，其条理就会变得清晰明了。日本丰田汽车公司规定，业务文件要整理成一张 A3 或 A4 纸，业务文件包括计划书、报告书和会议记录等。后来，这种“一页纸”工作法逐渐风靡全球。

**工具：**

“一页纸”和一支“三色笔”（红、蓝、黑）。

**“一页纸”工作法步骤如下：**

①用黑色笔画出标准框架。

②用黑色笔在左上角第一个空格里填写日期和主题，方便日

后回顾。

③用黑色笔填写“1P？”“Q1？”“Q2？”“Q3？”（人们最容易接受并记住“三个以内”的问题），如下图所示标注箭头并排序。

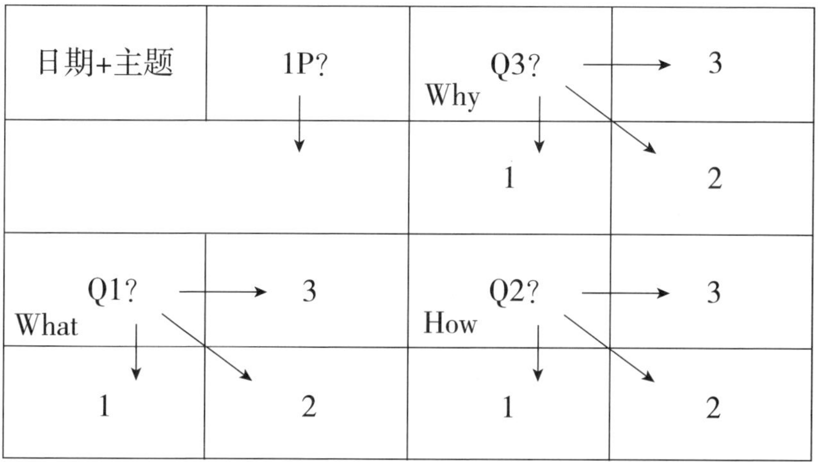


④用红色笔在合并格里回答“1P？”，用一句话总结主题信息。

⑤继续用黑色笔填写别人想要知道的3个问题：“Q1？”“Q2？”“Q3？”。

如果想不出好问题，你可以套用“What—How—Why”提问法。比如：

Q1？：　What——“客户不满意的是什么？”

Q2？：　How——“我们一直是怎样应对客户的？”

Q3？：　Why——“客户为何会感到不舒服？”（如果老板是放

权型，只看结果，你可以将这个问题换成“今后如何解决”。）

⑥用蓝色笔认真填写 3 个问题的答案。填写答案的时间应控制在 10 分钟之内。

通过使用“一页纸”整理术，你可以对头脑中混乱的信息进行梳理，然后得到清晰的条理，向领导汇报时就不会出现任何问题了。这种方法也可以帮助你快速阅读书籍、看电影等，了解它的结构，得出你的结论。

以下为应用示例：

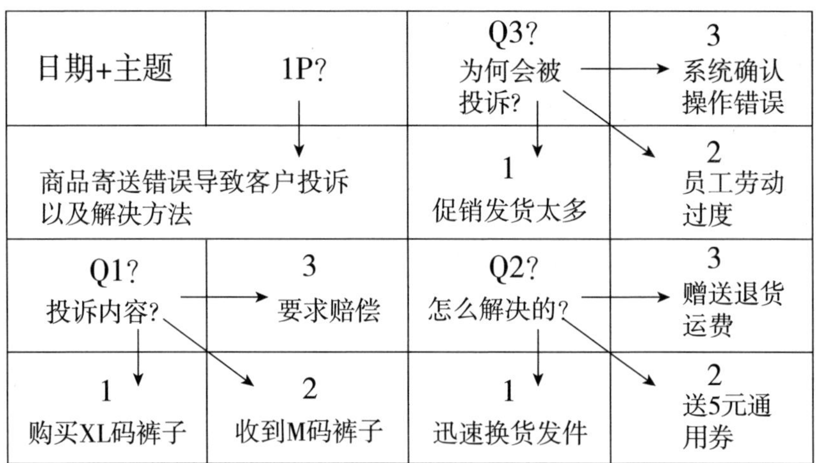

## 超实用的会议记录方法

开会是传达公司信息、形成决策的重要形式，会议纪要则是信息整理的重头工作之一。

会议纪要通常有以下 3 种写法：

**集中概述法**

这种写法适合短、平、快的单一议题会议，即用概括叙述的方法进行阐述。它包括以下几个要素：

①讨论研究的主要问题。

②解决问题的措施。

③执行负责人。

**分项叙述法**

这种写法适合大中型会议或议题较多的会议，一般会将会议的主要内容分为几个大的议题并分别附加标题。它包括以下两个要素：

①每项议题的目的、意义、现状的分析。

②目标、任务、政策措施说明。

**发言提要法**

这种写法适合有多位重要领导讲话的会议，通常包括以下要素：

①需提炼会议的内容要点和精神实质。

②按照发言顺序分别加以阐述。

③讨论环节概要。

总之，会议纪要是人们最常用的会议记录方法，但它也存在着一些禁忌，主要体现在以下 3 点：

### 事无巨细地全部记录

公司内部的一般会议，通常只需要记录重点。会议纪要一般是给领导看的，他们没有耐心和时间看会议的全部流程和内容。谨记：会议纪要，只要写一页 A4 纸就能基本写完的内容。

即便是特别重要的会议，也不需要事无巨细地全程记录。可以用录音笔或智能手机全程录音，事后针对领导的疑问，再回放录音，给予明确回馈。

### 写完后直接发送

也许你对会议讨论内容的理解不能完全到位，因此写完后一定要先提交给直管领导确认，待直管领导确认无误后，再发送给与会者。

### 重要决策不留证据

对于重要决策会议，为了防止有人事后赖账，会议纪要需要保留表格签字证据。在需要相关人员签字的纪要内容中，要有三要素：责任人、完成时间、需完成的工作内容。

比如：在 3 月 15 日前，完成 100 万条数据的导入工作，责任人张明。

当然，最有效的方法，是在会议过程中全程录音，会后借助语音转文字工具，将之整理出来，发给相关人员签字。

作为一项重要工作，会议纪要还要落实到表格上。常用的会议纪要表主要包含标题、会议基本信息、会议内容、备注和审阅签名等。

如下图所示：

<table>
<tr><td colspan="4">会议纪要表<br>编号：</td></tr>
<tr><td>会议名称</td><td colspan="3"></td></tr>
<tr><td>会议时间</td><td></td><td>会议地点</td><td></td></tr>
<tr><td>主持人</td><td></td><td>记录人</td><td></td></tr>
<tr><td>参会人员</td><td colspan="3"></td></tr>
<tr><td>到场人数</td><td></td><td>缺席人数</td><td></td></tr>
<tr><td>会议主题</td><td colspan="3"></td></tr>
<tr><td>会议内容</td><td colspan="3"></td></tr>
<tr><td>备注</td><td colspan="3"></td></tr>
<tr><td>领导签字</td><td></td><td>签字日期</td><td></td></tr>
<tr><td>执行人签字</td><td></td><td>签字日期</td><td></td></tr>
</table>

## 使用笔记本记录信息的方法

公司发的笔记本只能用来做会议记录吗？当然不是，笔记本还有很多很大的用处。养成记笔记的习惯，你的人生将大为改变。你所要做的，只是将工作中的信息与日常生活中接触到的信息，从头到尾，全部写入你的笔记本。

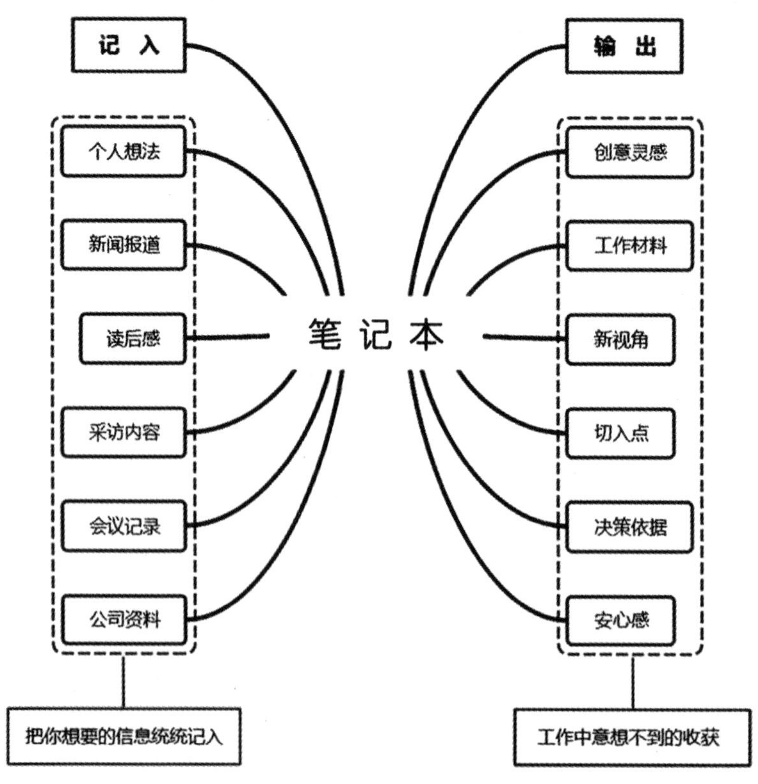

将对你造成过触动的信息集中在笔记本中，它们某一天会成为知识生产的素材。这是一种已在国际上获得证实的有效的工作日志使用方式。随着不断地记录，你的工作能力和创意能力也会逐渐提高。

创意，本质上是对既有信息进行重组的结果。它发生在收集记录信息后反复阅读、回想、深入思考、不断积累的基础上，当某一时刻发生顿悟时，创意便诞生了。

也许会有很多人产生怀疑：这样杂乱无章地将信息记录在笔记本上，真的没有问题吗？只要你遵循以下 3 点，就完全没有问题。

### 不分类别地记录

你可以把想记录的一切信息，都记录在笔记本中，要不分类别地记录。这样可以记录起来轻松、查找起来安心、坚持下去不费力。如果在记录的同时就开始进行整理、归纳、总结，很少有人会坚持下去的。

为了节约记录时间，可以采取以下措施。

①将常记的内容符号化。

你可以创造某种常用易记的符号，比如：

R（阅读）——读过的书，以及读后感、精彩的段落集锦。

M（电影）——看过的电影，以及观后感、感兴趣的台词。

P（计划）——想尝试的工作计划，以及感觉可行的想法。

会（会议）——访谈、会议中的记录。

素（素材）——好词好句、新闻摘要。

②启用分隔线。

在每天的记录完成后，要画一条分隔线，使每天的收获都清晰明白。

| | |
|---|---|
| | ［220313］ 促销点子<br>会：<br>P：<br>R：<br>M：<br>- - - - - - - - - - - - - - - - - - - - - - - - - - -<br>［220405］<br>会：<br>P：<br>R：<br>M：<br>- - - - - - - - - - - - - - - - - - - - - - - - - - -<br>［220410］<br>会：<br>P：<br>R：<br>M： |

③附上标题。

在日期标签旁写上简略的标题，能让你快速知道表内记述的内容。比如，一看到“［220313］促销点子”，你就会立即想到此次会议做了什么，得出了什么决议。如果记录时觉得还不清楚，就在日期标签的旁边留块空白，稍后有时间了再来阅读笔记，将恰当的题目加上去。

④附上照片或剪纸。

当然，你也可以把别人的会议纪要打印出来贴在相应位置，或者贴一张图片，只要能让你回忆起当时的会议内容即可。

### 按时间顺序记录

从头开始，按顺序使用笔记本，添加日期标签，按时间顺序记录。你需要注意：

①采取年、月、日的6位标签法。比如，“2022年3月1日”可以记作“220301”。

②一个笔记本用完后，要记得在封面上标注序号和使用时段。比如，你可以标注“［001］220110～220610”，代表这是你使用的第一个笔记本，记录的是2022年1月10日至2022年6月10日期间的工作内容。

③用油性笔在书脊和切口处标注序号和使用时段，像图书馆标注藏书那样贴标签，方便你在需要时能快速找到。

### 按目录索引进行查找

记录完一个笔记本后，你最好花点时间，像给图书编写目录索引一样，在笔记本的第一页编制目录，方便事后可以快速查阅对应位置的信息。不要怕浪费时间，制作目录的过程，其实也是一个信息整理的过程。

当你想要查找到一条很久之前的记录时，你就能体会到利用目录索引进行查找的便利了。

为了更方便查找，你可以用马克笔等工具在正文里进行涂色标记。有些内容，你在记录的时候，就应当知道将来还要查找它。

## 曼陀罗九宫格笔记法

曼陀罗（mandala）思考法[1]是一种利用九宫格矩阵图进行发散思考的方法，提供如魔术方块般的视觉性思考法。它包含两种类型，即放射型和围绕型。

### 放射型

在九宫格图表中，把主题放在最中间的方格内，然后从四面八方对其进行审视。放射型曼陀罗思考法是一种不设限的模式，特别适合用来收集灵感进行创意思考。

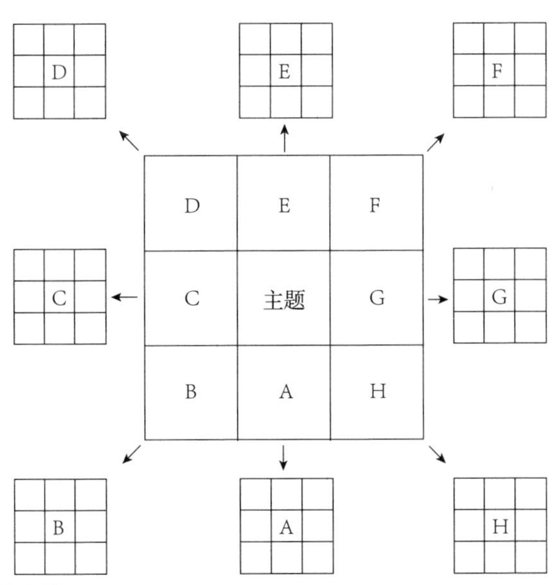


① 曼陀罗思考法最早由日本博士今泉浩晃推行。“曼陀罗”一词起源于印度，意为“本质”。

在发散思考过程中，围绕正中间的“主题”，你可以把随意想到的点子，填满周围的 8 个空格。然后你可以以每个点子为新的“主题”，继续发散形成新的九宫格，直到令你满意的创意出现。

### 围绕型

围绕型曼陀罗思考法适合用于执行规划，一般在对事情有想法之后，开始做步骤规划与执行细节安排时启用。它仍然是以九宫格的形式进行排布。

你需要在九宫格的中心列出“主题”，然后以顺时针方向在周围方格安排流程，周围的每个方格均可单独作为一个新的“主题”进行放射型九宫格演绎，直到得到让你满意的执行流程为止。

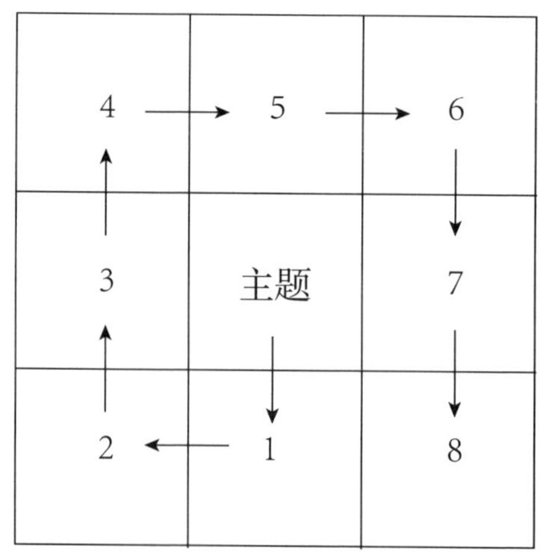

围绕型曼陀罗思考法也常被用来做一天的日程安排或记录。以每天工作 8 小时为例，在中央方格写上“星期×”，然后按顺时针方向，每过一小时记录一格，从而将一天的工作记录下来。它还可以用来做一周的工作安排，8 个格子对一周 7 天，你可以将本周工作重点写入其中，留下一个方格作为附注使用。

曼陀罗思考法除了可以帮你完成创意、安排行程或日程，也可以帮你整理一本书、进行产品研发，甚至可以用来帮你理清人脉关系。

## 康奈尔笔记法

康奈尔笔记法是美国康奈尔大学教育学博士沃尔特·鲍克于1940年提出的一种方法，最早是为了帮助学生有效率地做课堂笔记，后来被广泛运用于会议记录、上课、读书、记忆等方面。康奈尔笔记有效地把读、学、思、写、诵、复习结合在了一起。

要完成一份康奈尔笔记，你需要把有价值的内容记录起来，还要用自己的话去概括、简化并记录下来。在此过程中，你既能有效地吸收知识，也能锻炼思考和总结的能力。

康奈尔笔记法以操作简单好用而闻名，只需要以下四步：

①把一页纸分成三部分，每部分都有特定的用途。左边占四分之一空间的B区为“提示栏”；右上占最大空间的A区为“笔记区”；下方占五分之一空间的C区为“总结区”。

②使用者在A区逐条记录要点，可以将认为重要的信息全都记录下来，越丰富越好。

③使用者需在B区对A区的“笔记内容”进行概括、归纳，方便以后快速查找、背诵和复习。备战考试时，你还可以遮盖住A区，借助B区的内容作为提示，来复述或背诵A区的内容。

④你还可以将自己的随感、思考、体会等，写在C区。

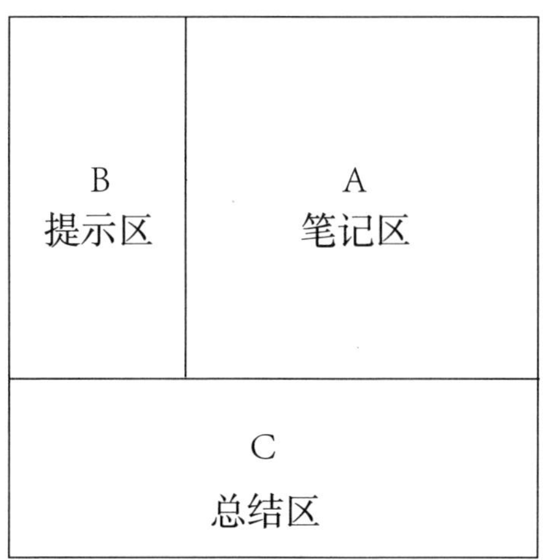


康奈尔笔记法还有一种变体，即“三条线笔记法”，它与康奈尔笔记法有着一样的功能，只在划区方式上略有不同：以对开的两页或横放的一页 A4 纸为目标，通过一条横线和两条竖线划分为 A（笔记区）、B（提示区）、C（总结区） 3 个区域。样式如下：

| 标题 | | | |
|---|---|---|---|
| 日期 | A<br>笔记区 | B<br>概要区 | C<br>总结区 |

## 总结不是给自己，而是给别人

“××，你把刚才开会的内容总结一下。”

“××，你把出差工作给大家汇报一下。”

在工作中，你将不可避免要做各种总结。很多人误以为写总结是要回顾过去，因此只要自己能看懂就行了。

然而，很多高效率的人有一个共同点，不管是写计划书、报告书、会议记录，还是写汇报资料等，全都是别人极易了解的样子。他们一致认为，写总结绝对不是为了留给自己看，而是为了向别人进行解释说明。因此，在写总结的时候，他们总是习惯将信息或资料整理成可以向别人解释说明的形式。

× 总结是为了自己回顾

√ 总结是为了向人解释

有了“为他人总结”的意识之后，你的工作方式也会有所改变：为了能随时给人解释说明，你会很注意听别人如何说话，也会很注意查阅尽可能多的资料。一旦养成了这样的习惯，你就可以在任何时候都条理清晰地回答别人的问题。

那么，如何才能写出以“向别人解释说明”为前提的总结呢？

假如，你打算向领导汇报近期的工作情况，那么在下笔撰写总结前，你应当思考以下 3 个问题：

①领导想知道什么？——总结的方向。

②让领导满意的总结是什么样子的？——选择和筛选信息。

③以什么顺序进行撰写？——整理信息。

当你将视角从“自我”转换成“对方”时，你的整理和总结能力才会得到质的提升。

# Part 4

## 思考整理的技能与误区

## 养成整理式思考的习惯

无论你是否愿意，你的大脑每时每刻都会产生新的想法。脑科学专家研究表明：一个人每天会产生大约 70000 个想法。就算在你睡觉的时候，大脑也没有停止思考。可想法这么多，你为什么还总是感到自己没思路、没灵感、没创意呢？原因就在于：你从来不对自己的思考进行整理，所以你的大脑长期处于混乱状态。

整理式思考①可以帮你有效解决这个问题。这个方法需要你反复练习才能习得。

什么是整理式思考？我们通过下面这个例子来理解。

假如你需要向领导汇报近期工作，你可以这样思考：

**筛选**

列举已完成的多项工作，从中选出 3 项重要的、可以在两分钟内汇报完毕的，作为汇报的主要事项。

**清理**

其他不重要的事项，以及重要事项执行过程中发生的挫败、遭遇的不愉快，可以选择性地遗忘。

① 整理式思考的概念由日本思考大师外山滋比古在其畅销作品《思考的整理学》中提出。

**整顿**

想好这 3 件事的汇报顺序。

由上述内容可知，整理式思考主要包含以下 4 个要点：

①明确要强调什么、省略什么。

②明确要使用什么证据、舍弃什么证据。

③明确要依据什么顺序进行思考。

④控制好思考的时间。

**控时**

用一句话概括就是，要在尽可能短的时间内选出当下最该做的事情，然后依据重要程度做出最佳的排序。

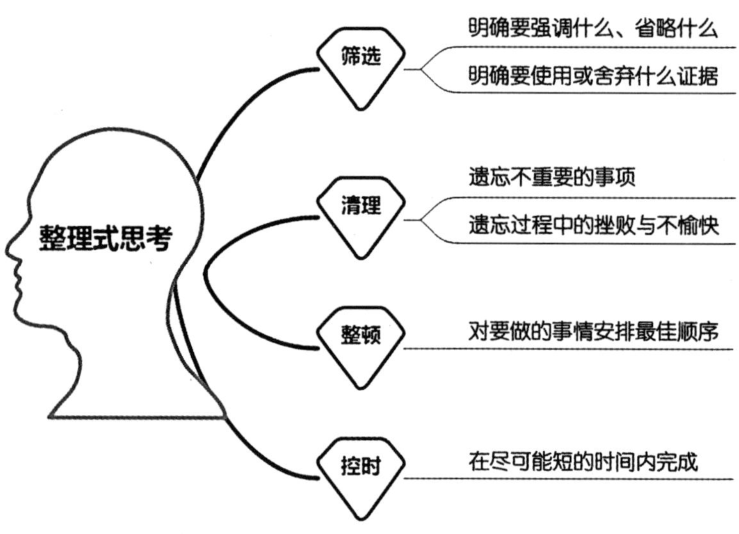


本质上，整理式思考就是对大脑空间做“断舍离”。它告诉人们，最重要的事情就是要学会选择性遗忘。人们总是习惯去

“努力记住”一些事情、想法，却忽视了“遗忘”的重要性。

人的大脑如同仓库，只有把多余的、不必再留存的东西及时处理掉，腾出空间，才能够让它高效运转。有选择地遗忘，就是为大脑腾出空间的最有效方式。

为了达到最佳状态，你需要做好以下几件事情：

**高效睡眠**

睡眠对于思考的重要性无庸赘述，鉴于现代人普遍存在睡眠障碍，下一节将专门分享高效睡眠的方法。

**快速切换**

做完一件事后，马上做一件截然不同的事。不管前面的事情是否令你满意，做完了就不要再去想。

**劳逸结合**

让身体疲劳，就会抑制大脑再去胡思乱想。多做运动健身，可以有效地清理大脑空间。

**午间散步**

午餐后不要把时间全都花在刷手机上，不妨出去散个步，把上午的烦恼全都清空，这样下午效率会更高。下班回家途中，如果时间充裕，你还可以提前两站下车，步行回家，这样也有利于帮你清空一天的紧张状态。

## 高效睡眠的方法

在工作中，每当遇到难以解决的问题时，很多人会从早到晚不停地思考。很多时候，过于偏执的思考会令自己丧失大局观，导致头脑混乱，反而无法解决任何事情。

如果你想改变这种状况，就要养成适时停止思考的习惯。有时候，好好睡一觉才是最有效的解决方式。

在睡眠期间，你的存储脑会开始整理、储存、识别尚未消失的信息。睡眠就像是电脑在整理硬盘、清理碎片。睡醒后，当你利用清晨头脑最清醒的时段来思考时，问题通常会迎刃而解。

那么，如何才能拥有充足的睡眠呢？

**调整生物钟**

不要以熬夜为荣。人体内的生物钟是花费了数百万年，才演化成今天这个样子的。

相关研究表明，昼夜节律钟的循环周期被精准地设定为 24 小时 11 分，其主要功能就是让人体细胞在白天保持清醒、活跃，而在夜间完成休息和恢复。

半夜惊醒和白天打盹都会严重干扰身体的重要机能。如果你想让身体和大脑都能正常工作，就必须让作息习惯保持在相对稳定的状态。无论多么不情愿，都请改变黑白颠倒的作息习惯。

### 远离蓝光

过去，一到晚上，就会红光较多、蓝光较少，褪黑素的分泌就会被激活，所以人会感觉越来越困。现在，大家时刻紧盯电子屏幕，恨不得与手机融为一体，严重干扰了褪黑素的正常分泌，成为导致睡眠困难的又一重要原因。

有研究表明，在蓝光中暴露两小时，褪黑素的分泌就会遭到抑制，人就会失眠。晚上被迫加班时，记得佩戴“防蓝光”眼镜。

### 保证八小时睡眠

睡眠分为浅睡眠和深睡眠。浅睡眠与深睡眠同样重要，因为人要“记住”白天学到的东西，需要这两种睡眠。

浅睡眠期间，脑细胞会非常活跃，特征之一是眼球在眼睑下快速运动，做梦大多发生在这个阶段；深度睡眠不会回应外界刺激，对于身体的修复至关重要，对于长期记忆的储存也很重要。

人的记忆能力下降，是因为深度睡眠质量降低，而非记忆容量不足。深度睡眠在上半夜占比较多，这就是为什么应尽量避免熬夜的原因所在。

### 设定两个就寝闹钟

一般人只设置一个就寝闹钟，甚至从不设置。其实，最好设置两个：①睡前 1.5 小时就寝闹钟，主要是提醒你要离线了，此时要让手机离开你的视线或者关机。②睡前 1 小时闹钟，提醒你完成睡前洗漱等流程，安静躺下等着入睡。

### 周末早睡不晚起

为了保持生物钟的节律，请务必坚持每天都在大致相同的时间就寝、起床，包括周末。如果你需要在周末补觉，请提前上床入睡而不是晚起。这样对睡眠模式和生物钟的干扰会更小。

### 食物助眠

有些人觉得睡前喝杯酒有助于入睡，但饮酒一旦过量就会让你半夜苏醒，反而不利于睡眠。

不妨将睡前饮酒改为睡前喝杯牛奶。牛奶能提供人体必需的色氨酸并促进血清素分泌，能让你更快入睡且睡得更安稳。

睡前 6～8 小时内不要摄入任何刺激性饮料，如咖啡、茶和功能性饮料等。为了夜间能有充足的睡眠，你最好只在早餐或午餐后喝一杯咖啡，多喝会导致失眠。

睡前 2～3 小时内请勿用餐，晚餐时也不要吃得太多。

### 运动助眠

白天尽量多动动，多爬楼梯，少坐电梯；午饭后外出散散步，骑自行车上下班。

### 小睡不超过 20 分钟

白天小睡应不超过 20 分钟，否则就常会导致所谓的“睡后迟钝”，会让你醒后变得警觉度降低，工作状态变差。

### 床边放一个笔记本

在床边放一个笔记本，方便你随时记下突然迸发出来的好主意，以及心里一直担忧的事情。当你开始胡思乱想时，记笔记能帮你快速“排空”大脑中的“垃圾”。

### 充分利用早晨和晚间

左脑与右脑并不是同步工作的。清晨时，更具分析能力的左脑会反应较快，入夜后，负责联想的右脑则会更加活跃。因此，你可以趁晚上的时间多处理些与创意联想相关的事情。而在白天，你就应当尽量多处理些具体的事务。

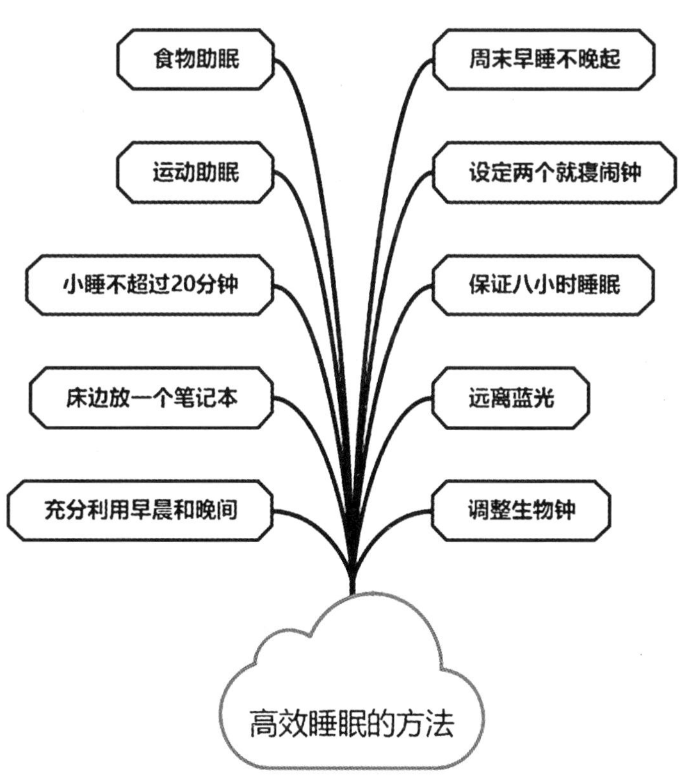

## 六顶思考帽的运用方法

思考最大的“敌人”是复杂性事务。事情一旦变得复杂，你的大脑就会陷入一片混乱。当思考过程清晰简单时，你的大脑就会感到愉快且高效。

爱德华·德·波诺提出的“六顶思考帽”思考法，可以帮助你把思考变得简单起来。

六顶思考帽，顾名思义，这是一种以颜色为命名方式的思考法，分别以蓝帽、白帽、红帽、黄帽、黑帽和绿帽代表不同的思考过程。

蓝帽：蓝色清爽，是天空的颜色。蓝帽与控制和整理思考过程、有条理地使用其他思考帽有关，就像乐队的“指挥”。

白帽：白色是中立、客观的颜色。白帽与客观事实和数据有关。

红帽：红色是用来表达情感的颜色。红帽与感性看法有关。

黄帽：黄色是阳光积极的颜色，代表着乐观。黄帽与希望和积极的思考有关。

黑帽：黑色是阴郁、严肃的颜色，代表着谨慎小心。黑帽与消极想法和最坏结果有关。

绿帽：绿色是会让人联想到植物的颜色。绿帽与创造力和新的可能性相关。

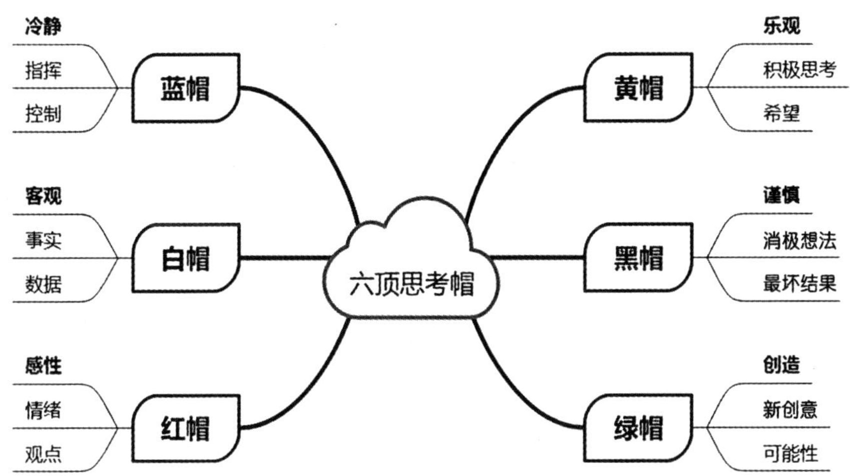


实质上，“思考帽”是一个没有褒贬的中立信号，运用它可以避免情绪对立，并提高思考效率。比如，开会的时候完全可以随意地将“六顶思考帽”用作形式化的手段，要求人们进行某种类型的思考。传统会议总是会在讨论环节浪费很多时间，而且讨论的议题都比较发散，运用“六顶思考帽”可以提高会议的效率，让会议变得：

- 重点明确
- 流程清晰
- 全面考虑观点
- 避免个人主义
- 快速决策

- 准时散会
- 确保参与度
- 让开会变得有趣

那么，该如何将“六顶思考帽”运用在开会流程中呢？一般可按照下面流程进行：

**戴上蓝帽**

为什么要开会？当前考虑的是什么问题？当前形势如何？希望取得什么成果？希望最终实现什么目标？让与会者提前思考这些问题，可以快速聚拢人们的思绪，明确开会主题。

**使用白帽**

论述客观事实，呈现数据。

**使用红帽**

请大家戴上“红帽”后，可以让大家畅谈对某件事情的看法或感受。

**使用黄帽**

提醒大家戴上“黄帽”后，你要启发大家思考：“现在请大家正面思考，总结一下目前对我们有利的地方，以及我们的理想结果。”

**使用黑帽**

当你询问某些人对于代价的思考时，可以戴上“黑帽”：“××，你对这件事的担忧是什么？最坏结果会怎样？”

**使用绿帽**

在听取代价思考后，你需要请大家戴上“绿帽”，然后一起思考：“有什么可尝试的替代方案？”

**戴回蓝帽**

会议即将结束时，你要请大家再戴回“蓝帽”，总结已经取得的成果或达成的结论，明确解决方案及后续行动。

除了开会时可以运用“六顶思考帽”，在工作中遇到棘手问题时，你也可以使用它，但在目的上与开会略有不同：

**戴上白帽**

思考、搜集各环节的信息，找到基础数据。

**戴上绿帽**

展开创新思维，大胆提出解决办法、建议或措施。

**戴上黄帽**

对有利的一面进行论证、肯定。

**戴上黑帽**

对隐患进行分析，结合与“黄帽”的切合点。

**戴上红帽**

结合经验与实际，过滤信息，筛选方案。

**戴上蓝帽**

做出最后的决定。

也许你平时思考问题的逻辑性确实比较差，但当你有意识地戴上“六顶思考帽”进行思考时，你的大脑会顿时清爽，不会像以前那样混乱了。

## 解决问题的 3 种国际方法

如何从一团乱麻中理清思路，并找到问题的解决方法？国际上有许多方法论，其中以麦肯锡七步法、福特 8D 工作法和丰田八步法最为著名。

**麦肯锡七步法**

①陈述问题

界定问题的边界；

清晰描述问题；

列出问题的所有信息。

②分解问题

将问题分为若干子问题；

使用逻辑树、鱼骨图分析法。

③去除非关键问题

抓大放小，直抵问题本质；

对子问题进行排序；

去掉非关键子问题。

④制订计划

制订详细的工作计划；

明确分工、责任到人。

⑤关键分析

以假设为前提，以事实为依据，进行分析论证；

向专家寻求帮助；

对困难有所准备。

⑥建构论证

综合调查结果；

构建“金字塔结构”（见下一节）。

⑦方案总结

把问题的来龙去脉讲清楚；

图文结合，故事化形象表达。

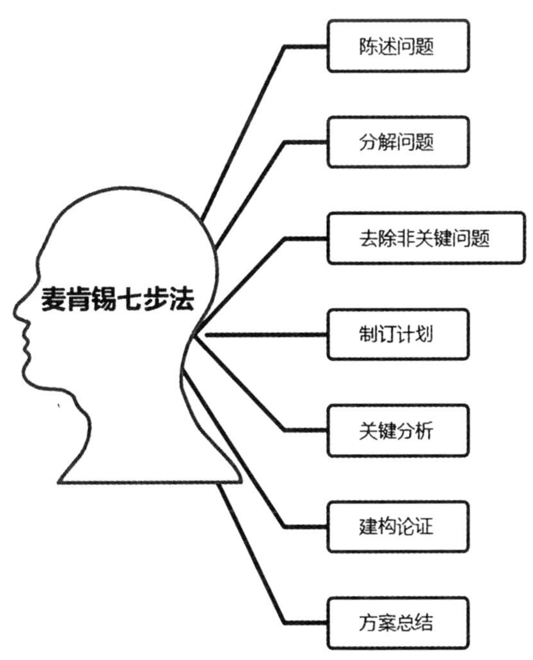

## 福特 8D 工作法

8D 工作法即解决问题的 8 条基本准则（Eight-Disciplines），因为特别强调团队合作，也被叫做团队导向问题解决方法 TOPS（Team Oriented Problem Solving）。

①成立小组

由与议题相关的人员组成，小组成员需具备工艺或产品的知识，具备解决问题的能力和实施纠正措施的技术素质，设置一名业务指导和一名小组长。

②描述问题

用可量化的术语详细说明与该问题相关的各种数据，详细而全面地描述问题。

③实施及验证临时措施

在实施永久纠正措施之前，避免继续发生问题或使损失扩大，找出并实施最佳的临时抑制措施。

④分析及验证根本原因

使用统计工具列出所有导致问题出现的潜在原因，逐一进行分析、验证，以找到根本原因所在。

⑤选择并验证长期改善措施

对方案进行评审以确定所选校正措施的有效性，并保证不对其他过程造成影响，避免带来新问题。

⑥实施永久纠正措施

确定实施永久措施的计划并确保已消除了导致问题的根本原

因，废除临时措施。

⑦预防问题再次发生

修改现有的管理系统、操作系统、工作机制等，避免类似问题的再次出现，制订有效的预防措施或预案。及时更新、修订相关的制度规范和标准。

⑧恭喜小组及规划未来方向

承认小组的集体努力，总结小组工作并进行祝贺。同时，要有选择地保留重要文件，形成心得体会，进行必要的物质、精神奖励。

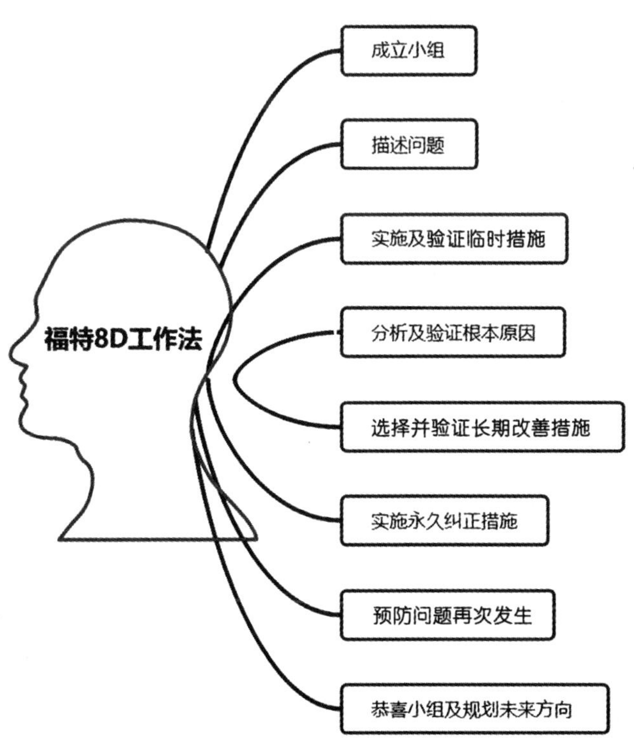

福特8D工作法有以下两种适用的情况：工作中遇到异常问题，需要提出纠正措施，使其恢复正常；通过长期持续改善来提升至较高水平。

## 丰田八步法

丰田八步法包含以下8个步骤：

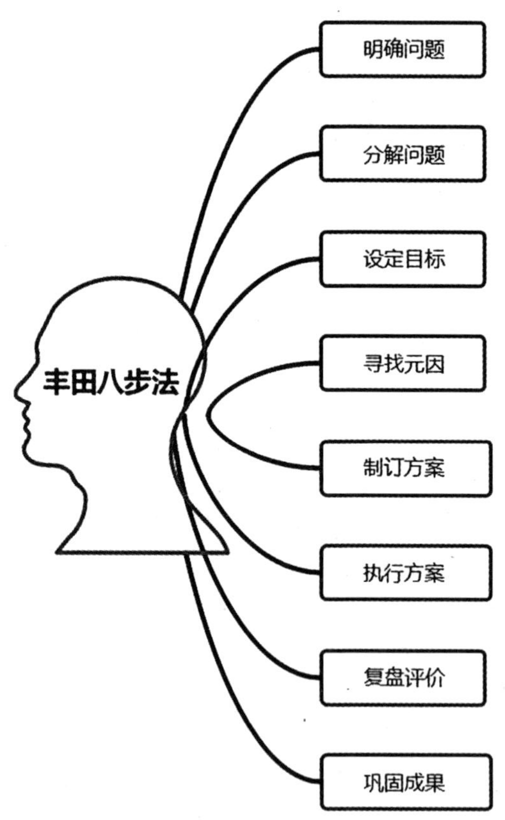


①明确问题

思考工作的真正目的是什么；

思考工作应实现的“理想状态”是怎样的；

通过将“理想状态”与现状进行比较，便可发现问题所在，要尽量对问题进行数字化呈现。

如图所示：

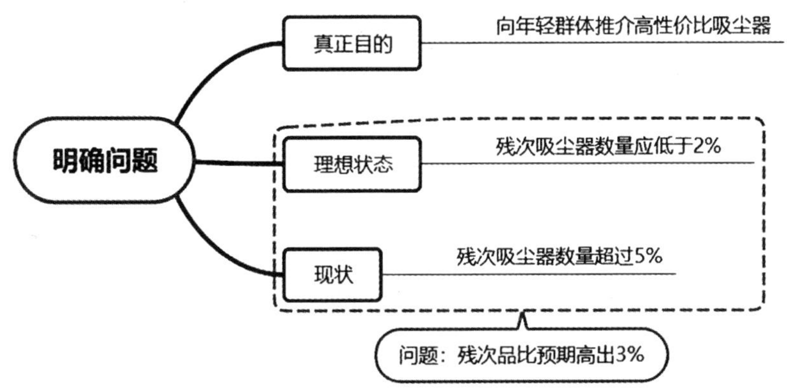


②分解问题

将复杂而模糊的问题分解为能够着手处理的具体问题；

决定问题解决的优先顺序；

找到切入点。

③设定目标

以解决问题为出发点设定目标；

对目标进行定量、具体化；

用“到何时”“到何程度”“做什么”“如何做”来描述目标。

④寻找元因

杜绝经验主义作祟，摒弃先入为主的观念；

追问“为什么”，找到真正的原因；

不要将真因归结为个人因素。

⑤制订方案

广泛征求建设性意见；

商讨方案，具体化方案；

制订明确、具体的实施计划。

⑥执行方案

贯彻执行方案；

及时记录和报告进度；

预想困难，寻求帮助。

⑦复盘评价

问询客户满意度；

关注个人成长；

复盘其中的成功与失败。

⑧巩固成果

将成功经验标准化；

推广标准化流程。

## 金字塔思考法

如何简单快捷地弄明白一件事？国际通行的逻辑思考方法就是金字塔思考法。

金字塔思考法认为，任何事情都可以归纳出一个中心论点，然后找出支撑中心论点的多个论据，而这些论据又可以由多个次级论据进行验证……如此类推下去，便形成一个金字塔结构。

金字塔思考法基本原理

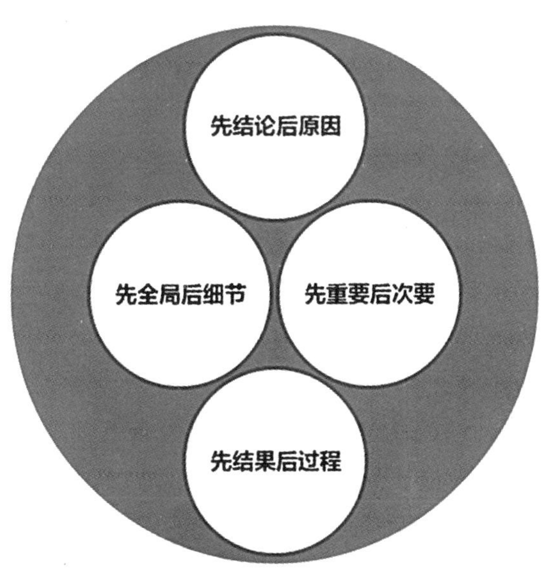


金字塔思考法所遵循的基本原理是：结论先行，逻辑推进

——先结论后原因、先结果后过程、先重要后次要、先全局后细节。

通俗点说，就是在面对问题时，人们的脑海中可立即形成上有结论、下有论据的“金字塔结构”，从而将复杂问题的各关键要素梳理清楚。

金字塔思考法，有“自下而上”和“自上而下”两种类型。

### 自下而上思考法

这是一种从“想法”出发得出“论点”，进而筛选论点并提炼形成结论的思考法。它的步骤是：

①将与主题相关的个人想法一一列出。

②将这些想法进行整合，提炼出分论点（5个字以内）。

③对分论点进行整合形成论点，通过总结得出结论。

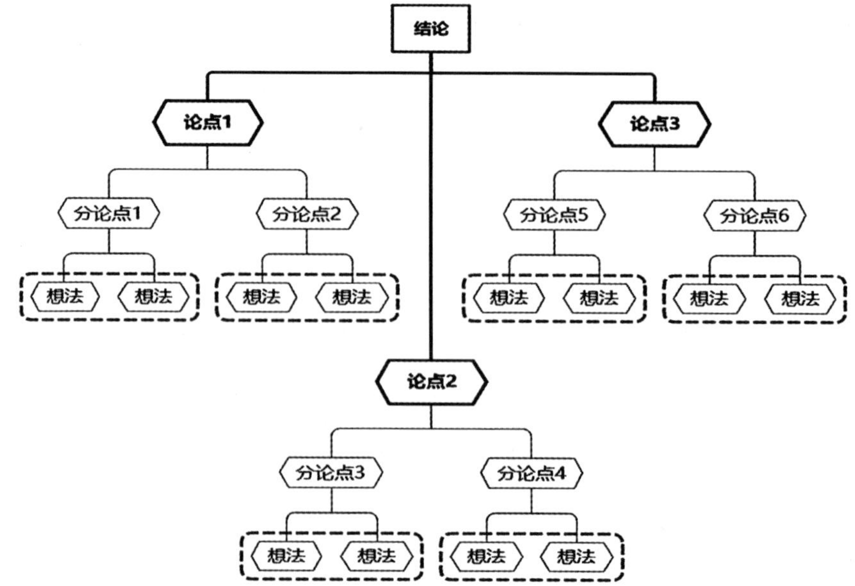

## 自上而下思考法

这是一种在确定目标、结论后，再去寻求必要论据加以支撑的思考法。因此，这种自上而下的思考法，也叫做“假设思考法”。它的步骤是：

①列出自己的目标或结论。

②提出可以导致目标或结论出现的假设条件。

③列出可以支撑上述假设条件的全部证据。

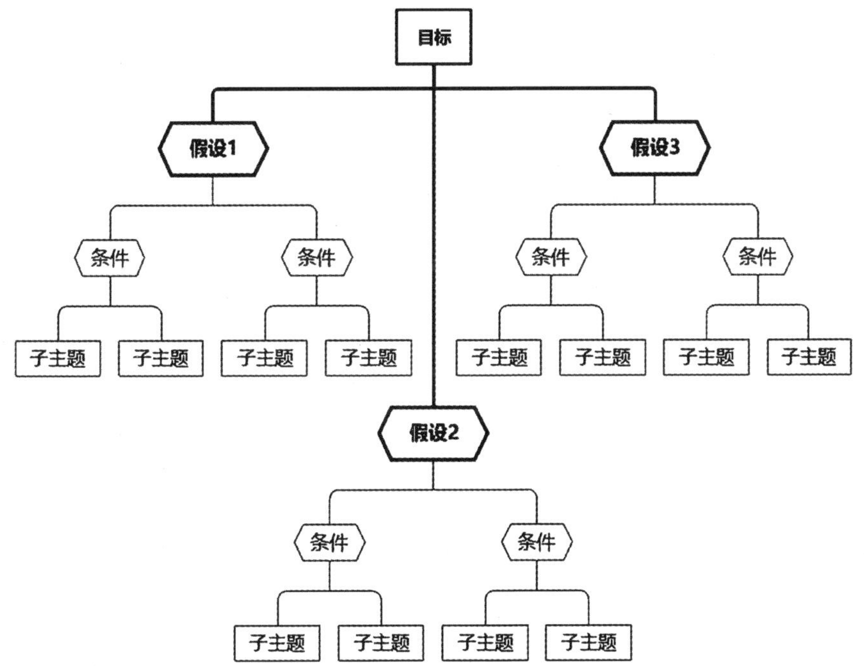

## MECE 分类法

MECE 分类法是麦肯锡首位女咨询顾问巴巴拉·明托（Barbara Minto）提出的重要分类原则。

所谓 MECE 分类法，即 Mutually、 Exclusive、 Collectively、 Exhaustive 这 4 个单词的首字母组合。也就是，各部分之间相互独立（Mutually Exclusive， ME）——确保分清；所有部分完全穷尽（Collectively Exhaustive， CE）——确保分净。

它的原理是：面对一个问题，通过不重叠（no overlaps）、不遗漏（no gaps）的分类方式，发掘并有效把握复杂问题的核心，进而找到解决问题的办法。

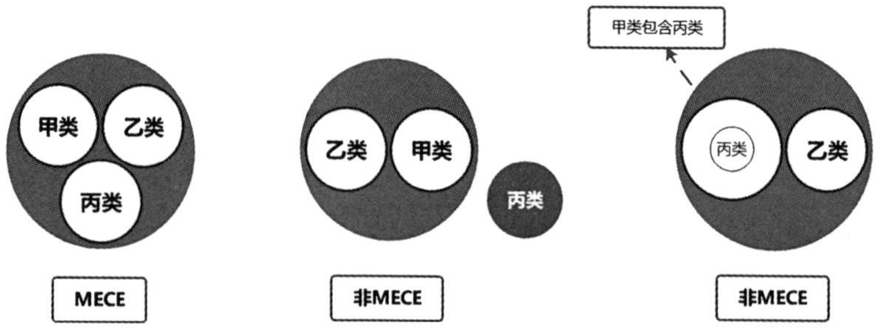


MECE 分类法旨在帮助人们，在遇到问题时可以尽快理清思路，进行条理化和完整化地分析，避免因任何原因陷入僵局。

比如，在公司集体头脑风暴的时候，各部门提出了一堆意见，但综合到一起，就会发现有些意见是重叠的，还有一些意见完全不在一个维度上，甚至存在相互交织的关系，意见甲包含在意见乙之内。开了半天会，结果越开越混乱。等到去写方案的时候，发现还是有很多遗漏的问题没有讨论。这个时候，你就可以运用 MECE 分类法了。

想要运用 MECE 分类法，你需要：

**确认问题**

在开始分析问题之前，首先要界定问题的边界和范畴。这是解决任何问题的基础。你要问自己下面这 3 个问题：

这项工作任务是什么？

目的是什么？

边界在哪里？

**寻找切入点**

你想得到哪方面的结论，就从哪里作为切入点，且切入点不限一个。你可以采取以下方法寻找切入点。

二分法：将事情分成 A 和非 A，如男人和女人、雄性和雌性。

流程法：将一件事情的发生分解成不同的流程，确保相互之间不会出现重复。

要素法：将整体分割成多个部分，这样可以确保相互之间不重叠。

矩阵法：这种分类方法常用在时间管理中，如分成紧急且重要、紧急不重要、不紧急但重要、不紧急也不重要等不同类别。

**分析细分项目**

确定分类方法后，接下去就是细分和拆解。比如，将人群按性别分为男人与女人之后，还可以进一步细分，如根据婚姻状况，分为未婚男人、已婚男人、离异男人，未婚女人、已婚女人、离异女人，然后你还可以对未婚男人进行细分……直到分解到让你满意为止。

**确认不重叠、不遗漏**

在你将能想到的分类都列完之后，反复检查和分析各要素之间是否存在重复，然后思考我们在备注时常用到的“其他”，检查一下是否还有未划分到现有维度的项目。

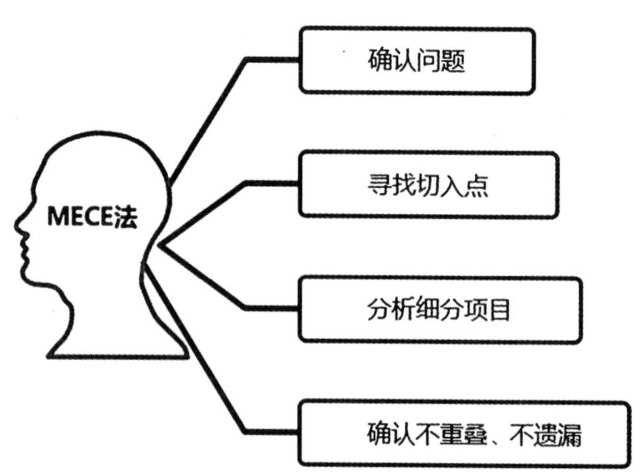

## ECRS 分析法

ECRS 分析法，是以有无取消可能性为先导的思考法，也是一种减少不必要工序从而实现更高效率的工作法。

所谓 ECRS，即取消（Eliminate）、合并（Combine）、重排（Rearrange）、简化（Simplify） 4 个单词的首字母组合。

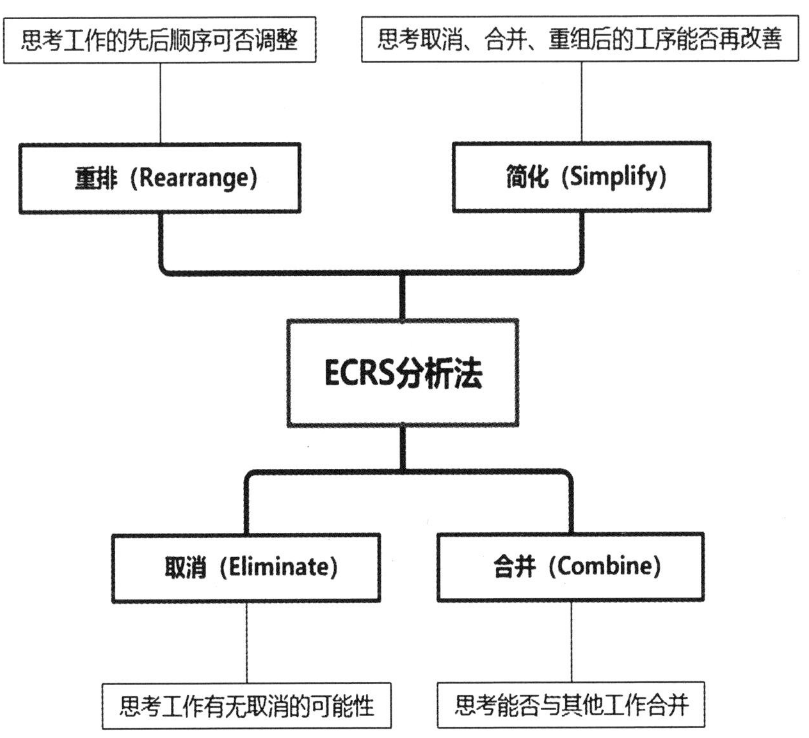

**取消（Eliminate）**

即考虑该项工作有无取消的可能性。不必要的工序、报告、PPT 等，都应予以取消；不能全部取消的，可考虑部分取消。你应明确以下问题：

全部完成这项工作是否有价值？

是否有必要立即着手完成？

取消它对其他工作是否有影响？

**合并（Combine）**

合并就是将两个或两个以上的对象变成一个。如果工作或动作不能取消，则考虑能否与其他工作合并，或将部分工作合并到其他可合并的工作中。

**重排（Rearrange）**

“重排”也称“替换”，即对工作的先后顺序进行重新排列，以达到改善工作效率的目的。比如，前后工序的对换、将上午的工作与下午的工作对调。

**简化（Simplify）**

经过取消、合并、重排之后，你需要对该项工作做深入的分析和研究，使现行方法尽可能地简化，以最大限度缩短作业时间，提高工作效率。在进行 5W1H 分析的基础上，可以寻找工序流程的改善方向，构思新的工作方法，以取代现行的工作方法。

## 批判性思考的 3 个基本方法

如果你想做一个有深度的人，看事情不流于表面，就要锻炼批判性思考的能力。在“思考”这件事上，一般人都倾向于轻松思考，而追问“真的是这样吗”这样的批判性思考，则可以逼着你去做艰难的思考。

批判性思考，有以下 3 个基本方法：

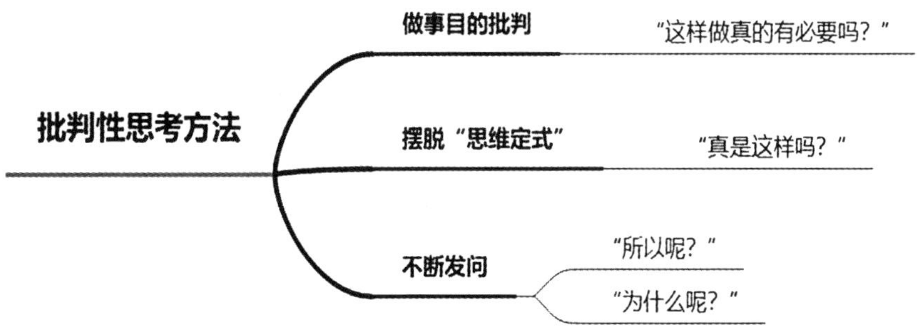


### 做事目的批判——多问“这真的有必要吗？”

要明确自己正在做的工作，以及接下来要做的工作，究竟是“为了什么目的”。

很多情况下，原本的目的与实际进行的思考和行动之间，是存在很大差别的。比如，某饭店推出了“下单半小时后立送价值

20 元的现制奶茶”活动。很多前来排队的年轻人，半小时后却根本拿不到奶茶，于是纷纷投诉。可是，随着顾客订单的骤增，饭店员工更加忙碌，已经在努力提高效率了。其实，该饭店推出这项活动的目的，原本是为了“鼓励网络订餐而非堂食”。

如果日常思考问题时习惯于明确目的，不妨多问自己一句“这真的有必要吗”。这样一来，很多无意义、不必要的工作，就可以省掉了。

**摆脱“思维定式”——多问“真是这样吗”**

“思维定式”也叫“惯性思维”，是束缚人们发挥创新性思维的枷锁。一旦你的思维摆脱不了已有“条框”的束缚，很多不是问题的问题就会成为大问题。打破思维定式的有效策略，是多问自己一句“真是这样吗”，然后逼着自己去进行“先发散后集中”的思考。

这种“先发散后集中”的思考顺序，被公认为是最合理的思考顺序。

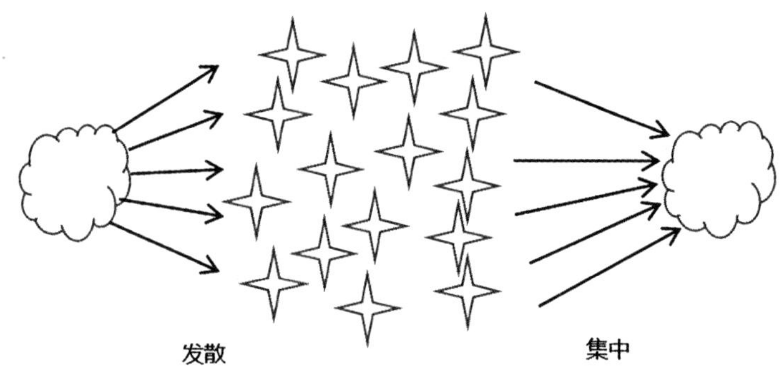

### 不断发问——要问“所以呢”“为什么呢”

通常在思考问题时，人们是可以感觉到问题所在的，可又往往只停留在“意识到问题存在”的层面，如果习惯追问一句“所以呢”“为什么呢”，结果就会不一样。比如：

“最近状态比前阵子差。”“所以呢？”

“阅读量没有以前高了，不想写了。”“为什么人气下降了？怎么提高呢？”

“要是能降价一些，咖啡就可以卖得更多了。”“降多少合适？能多卖多少？”

如果你能常用“所以呢”“为什么呢”进行发问，挖掘事件背后的真相，就会发现真正的问题所在了。

> 锻炼批判性思考
>
> ①看新闻的时候思考“是否存在营销”。
>
> ②讨论工作时区分“事实”和“意见”。
>
> ③汇报工作时放弃“还可以”“尽快吧”等模糊语。
>
> ④提建议的时候尽可能具体。

## 方向错了，再努力也无济于事

在工作中，你遭遇过下面这种情况吗？自认为准备详尽的报告，却被领导扔到了一边，还被斥责："告诉我，你的结论是什么？我非常忙，没时间看这些。"

对此，你会感到很委屈，因为你准备报告的时候，遵循着看似逻辑性很强的方式：

①查找资料，整合海量数据。

②进行复杂的计算和分析。

③将分析成果整合成一份文档，并展示严格的验证过程。

④这份30～60页的文档可以满足至少两个半小时会议的审阅需求。

上面的操作看似无懈可击，结果却适得其反。如果你还在延续这样的"正常反应"，那么你必须改变一下你的习惯了。正确的做法应当是：先考虑结论，再去证明或者推翻它。

× 在收集整理资料的过程中寻找答案

√ 先考虑答案，再去验证或推翻它

美国西点军校的优秀毕业生、麦肯锡高级顾问迈克·费廖洛

（Mike Figliuolo）提供了一套打破思维僵局的好办法——结构化思维。它会让你的工作变得简单，能引导你筛选有用信息，避免在无用分析上浪费时间。

简而言之，结构化思维是一种结果导向型的思维方式，倡导先提出结论和假设，然后以更有说服力、更容易通过的方法去准备资料，在证明的过程中迭代优化甚至推翻自己先前的假设。以下是其执行步骤，希望能对你有所帮助。

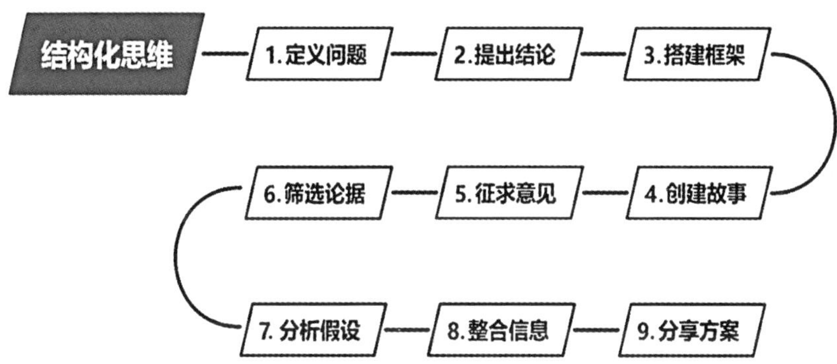

# Part 5

## 职场沟通的技能与误区

## 让坚持过程变得轻松的3个方法

受结果导向型思维的影响，你可能会太重视结果，做工作时往往直奔目标而去。时间久了，这种工作模式会让你身心疲惫，开始满心厌恶你的工作。你会发现，那些来自命令的结果，对你来说并不是最重要的，重要的反而是中间的过程。可见，享受工作的过程非常重要。

能让你一直追下去的电视剧，通常都很有意思。同样道理，能让你坚持做下去的事情，必定是能让你感到开心且充满趣味。

### 只做整件事的1%

也许你在工作中会遇到这种情况：事情不做不行，但就是提不起劲头。比如，制作PPT，总是开不了头。这种情况下，你需要掌握一个原则：只做整件事的1%。

制作PPT，你可以先下定决心“就做第一张”，至于第一张做完后是否继续做，你可以“到时候看心情再决定”。这种看似随意的方式，能让你“开个好头”，往往能坚持下去。这就是为什么人们总是强调“开个好头”的原因所在。这个“好头”通常会让你心情变好、情绪高涨，情绪调动起来了，后面的事情就更容易推进了，仿佛一切都能水到渠成。

## 重视默念的力量

做事的目的明确，知道想要的结果，也是让人坚持下去的诀窍之一。如何明确自己的做事意图呢？一个有效的方式是：把内心的意图说给自己听。也就是说，你在开始某项任务前，可以对自己默念：

比如，公司开发了某项新业务，你可以在项目启动时，默念“我完成了30万订单，非常感谢”；在写企划书前，你可以默念“我愉快地完成了这份企划书，谢谢”；去面见一个难缠的客户之前，你可以默念“我与××完成了愉快的会谈，非常感谢”，等等。

脑科学专家研究表示，这种形式的默念，可以将某个意图当作未来的记忆输入大脑，尽管这是未来的事情，但也能作为记忆留存下来。如此，在做某件事的过程中，一旦有“我可能完不成”的负面情绪来袭，你大脑中的默念记忆就会响起，会激励你继续向前，直至取得胜利。

## 将想法告诉他人

当你准备做某件从未做过的事情时，或者你不知道该如何实现自己的目标时，应该尽量多地与他人诉说。

你可以采取更轻松的表达方式，比如：“我是这么想的，希望你听一听我的想法。”

对他人诉说，对你准备做的事会有一定的帮助。

其一，把意图说出来，你会更加坚定自己的想法。也许，有的人在听完你的想法后，会给出令你意想不到的建议或你之前并不了解的信息。这个时候，若你能重新修正自己的思考，你会得出更加合理的方案。

其二，可以帮你发现自己的潜能。有时候，你会在与他人的谈话中，突然意识到自己思考的底层逻辑：“啊，原来我是这么想的。”向他人诉说的过程，其实也是整理自己想法的过程。还有些时候，他人提出的某些问题，也能启发你的思考。

其三，在你向他人诉说你的想法后，对方往往会很在意事情的发展，甚至会主动关心、询问事情的进展情况。这样，他也就成了让你认真做事的监督员。

## 快速分析并解决问题的 SCQA 法

从沟通的角度，提高效率就是快速弄清楚对方在意的内容和重点。麦肯锡公司有一个 SCQA 分析法[①]，可以帮到你。

所谓 SCQA 分析法，即状况（Situation）、冲突（Complication）、问题（Question）、答案（Answer）四个单词的首字母组合。

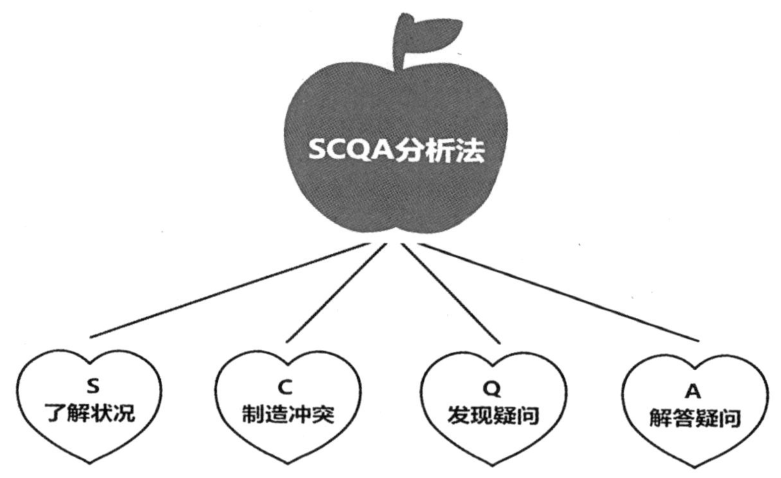


### 状况（Situation）：了解对方的状况和对于将来的理想

这是要预先确认对方的具体形象，无论对方是自然人还是公司。通过描述对方的过去、目前的稳定状态和心中的理想，以及未来的目标，你可以全面而立体地了解对方。

① SCQA 分析法由麦肯锡咨询顾问芭芭拉·明托在《金字塔原理》中提出。

比如，你的潜在合作客户，其公司正常年销售额为60万元，目前对与你的合作正在举棋不定。

**冲突（Complication）：设法颠覆现状并使之复杂化**

你要认真思考，一旦颠覆了上述的现状和理想的结果，会产生怎样的冲突。

比如，在疫情期间，你打算帮对方把年销售额提升至80万元。

**问题（Question）：自问自答对方心中的疑问**

在设想了颠覆背景的冲突以后，接下来，你要思考对方会产生哪些疑问。实际上，这些不仅是对方的疑问，也是可以引发对方兴趣的重点。

比如，你可以问自己这样的问题："相应的推广成本会不会增加""需不需要额外招聘销售人员"，等等。

**答案（Answer）：如何直接回答对方的疑问**

准备好明确的观点和论据后，你再去与对方进行沟通谈判。为了提高双方的满意度，最后可能会进行一定的方案修改，但基本上都会符合你的心理预期。

比如，"把线下推广的费用用作社区购物、直播带货，不会增加成本""倡导全员营销、孵化员工做直播，就不用额外招人"。

事实上，SCQA分析法不只是一个说服工具，更是一个万能解决方法的分析模型。若是能活学活用SCQA分析法，你将可以在总结工作、做汇报、做演讲、日常探讨问题时快速组织内容，在别人还是一头雾水时就找到解决方案。

## 习惯养成的 4 个步骤

尝试过减肥的人都知道，拼命运动且节食一个月，并不能带来体重上的多大变化。因为这种强迫自己进行的改变，通常都坚持不了太久。真正的改变，是靠习惯的养成。

通过大量练习，行为和推理过程可以从有意识的思考脑转移到反射脑，变成自动完成的、无意识的反射、直觉和习惯，这是大脑带给你的重要“礼物”。一旦行为成为习惯，你就不必再动脑筋去思考，仅凭习惯和条件反射就能完成。因此，习惯的养成会让你变得更高效。

习惯如何才能养成呢？美国著名习惯研究专家詹姆斯·克莱尔在《掌控习惯》中揭示，习惯形成只需 4 个步骤：

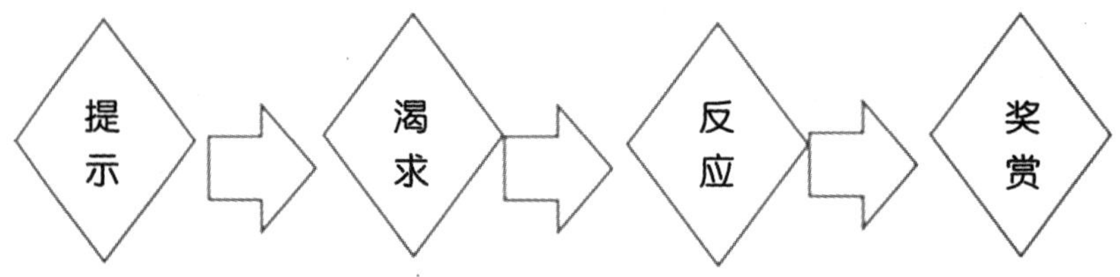


“提示”触发“渴求”，“渴求”激发“反应”，“反应”提供可以满足“渴求”的“奖赏”，最终使“奖赏”与“提示”产生关联。这 4 个步骤首尾相连，可以帮你形成一个神经反馈回路：

提示—渴求—反应—奖赏—提示。在不断进入一个个循环之后，你就可以养成自然而然的习惯了。

习惯养成参考时间

行为习惯的养成，一般需要 30 天；

身体习惯的养成，一般需要 90 天；

思考习惯的养成，一般需要 180 天。

根据这 4 个步骤，詹姆斯·克莱尔进一步总结了相对应的 4 大解决方案：

**让“提示”显而易见**

你可以通过以下 4 种方法来实现：

①填写“习惯积分卡”。也就是要记下你当前的习惯，留意它们并做出标记。比如，好习惯用“＋”表示，坏习惯用“－”表示，无所谓好坏的习惯用“＝”表示。

| 好习惯 | 坏习惯 | 无所谓好坏的习惯 |
|---|---|---|
| 合理安排时间＋ | 遇事总往坏处想－ | 左手握鼠标＝ |
| 不轻言放弃＋ | 指责别人－ | 看书喜欢从中间开始＝ |
| 注意力集中＋ | 不自信－ | 开会时喜欢摸下巴＝ |

②明确动作指令。你可以告诉别人自己“将于××时间在××地点有××行为”。这是让你明确自己将要做什么，防止为自己找借口。比如，“我将在上午七点半，在座位上冥想 5 分钟”。

③在好习惯基础上叠加新的好习惯。你可以这样做，“我将保

持××行为并养成××行为”。比如，“我将在完成一个番茄钟之后，冥想5分钟”。

④创造便捷的环境。比如，你想养成边工作边“充电”的习惯，就要把书放在最显眼且取放方便的地方，让你在休息的时候伸手就能拿到。

**让“渴求”富有吸引力**

你可以通过以下3种方法来实现：

①绑定喜好强化行为。比如，执行番茄工作法的时候，戴着耳机听歌；整理桌子的时候，戴着耳机听相声。

②参加一个群组，一起打卡。比如，参加读书会，在带给你融入感的同时，还能增强你的学习动力。

③创设仪式。比如，挑战两小时沉浸式工作之前，先站起来做几个扭腰运动“热身”，沉浸式工作完成后，再站起来做几个扭腰运动“结束”。

**让“反应”简便易行**

你可以通过以下3种方法来实现：

①减少培养好习惯的阻力。比如，要养成每日整理办公区的习惯，可以定为“每天一个位置15分钟”，这样坚持下去的可能性比较高。

②从两分钟的微小动作做起。比如，从每天一个俯卧撑开始，养成边工作边健身的习惯。

③自动化你的好习惯。比如，在沉浸式工作开始之前，把手

机关机，放进抽屉，然后开始投入工作。

**让“奖赏”充满愉悦**

你可以通过以下 3 种方法来实现：

①立即奖励。在完成一套习惯动作后，你要立即奖励自己。比如，做完了一项报告后，奖励自己看 10 分钟抖音。

②成就感驱动。为了让枯燥的工作变得有成就感，你需要获得一定的精神奖励。比如，完成一项任务后，你就在清单上打个勾；每天打卡完成后，你再发个朋友圈。

③决不连续犯错两次。要养成新习惯，你可以允许自己犯一次错；如果再次犯错，一定要尽快补救。

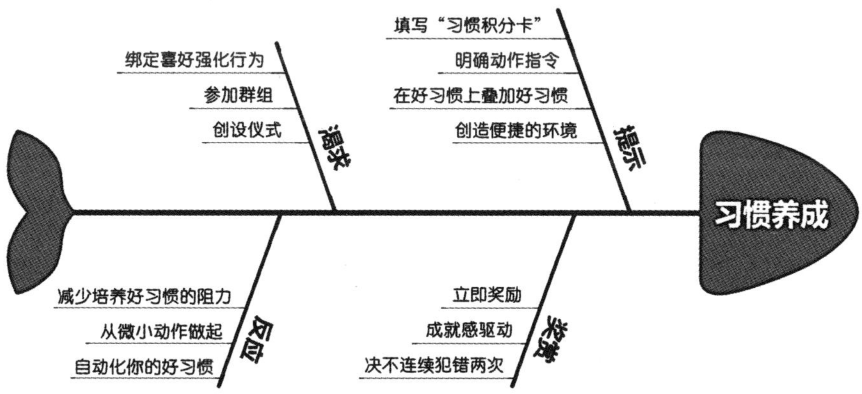

## 向领导汇报的表达技巧

你准备了很棒的提案，却无法博得领导的好评。

你准备了很棒的演讲，却无法得到与会者的肯定。

你毫无准备的时候被叫起发言，结果语无伦次，表达不清。

……

这样的场景，是不是很熟悉？工作努力很重要，但是会向领导汇报更重要。汇报并非人们简单认为的那样只需要单调地罗列业绩或者照稿宣读，而是一门独特的说话艺术。

### 单独向领导汇报的技巧

你是否有这样的亲身经历——正当你汇报时，领导不耐烦地问你：“你究竟想说什么？”

在你终于汇报完了以后，直到几分钟后，领导才突然问你：“然后呢？”你却不知道该怎么应答。

为了避免这样的状况发生，你需要掌握“30 秒电梯法则”。

麦肯锡公司的项目负责人曾在电梯间遇到客户公司的董事长，因为没能在这个短暂的时间里介绍清楚项目内容，最终失去了这位重要的客户。麦肯锡公司记住了这次沉痛的教训，从此要求业务人员有在 30 秒内向客户介绍方案的能力。

麦肯锡公司认为，人们最多记得住 3 点内容，所以凡事都应归纳出 3 条以内的特点，以便能一下子吸引住对方。这就是有名的“30 秒电梯理论”，又叫“电梯法则”。

电梯法则有以下 3 个要点：

①把想法凝炼成 3 个要点。

②说明＋解释＋结论，有理有据有方案。

③先说结论，后说理由。

掌握并熟练运用这个法则后，你就能在单独向领导汇报时，从容不迫、有条不紊地回答了。

### 会议场合汇报的技巧

当你身处企划会议、报告会议、演讲、说明会、洽商会谈等重要场合，如何拔得头筹呢？你需要做到以下两点：

①事前精心准备。

汇报不是始于开口，而是始于准备。你手里拿着一份准备不充分的方案，在领导面前自然不能底气十足。

只有事前准备尽可能多的事实证据、数据，才能避免出现“很清楚自己想说什么，却说得无法让对方理解”的情况。

写出满意的方案后，你要再次概览全貌，酝酿一句极具说服力的结论或明确主张。比如：“根据调查结果，我建议应多……”记住，越是明确的主张，就越能降低领导听了半天突然问你的那句“然后呢”。

即便如此，你还是要做好最坏的打算，因为你的结论可能会突然遭到反驳。因此，你可以提前准备几个有说服力的故事、案例，方便你在应急时使用。一旦不能通过，你还需要准备好替代方案。

②正式汇报要自信。

即使准备得很充足，你依然有可能在正式汇报时搞砸。尤其是一些有社交恐惧症的人，他们仅仅是想象自己要在人前发言的场景，就会紧张不已。汇报的前一天晚上，他们往往会紧张到失眠。第二天硬着头皮上场后，他们会紧张到大脑一片空白，临场失态。

如何做到自信地汇报呢？你可以多进行一下正念、专注、问答的练习。

正念：在心里默念“我好想表达”“这是别人没有的机会，我要珍惜它”。

专注：集中做汇报，泰然自若地表达，不必在意听众的一举一动。

问答：设置问答时间，可以在冷场时候发问，也可以在演讲结束后集中互动。

### 临时汇报的技巧

当然，你还可能会在毫无准备的时候，被领导叫起来回答问题，或者被叫到办公室去汇报。在这种需要临场发挥的时候，你可能会因为怯场而语无伦次，或者把话说得啰唆、冗长，招致领导的不满和斥责。

那么，当你需要即兴汇报时，如何才能应对自如呢？诀窍是把你的临时想法加上编号。

若是毫无想法，就讲一些场面话，加上编号，以“关于……，首先……，其次……，然后……”的结构表达。加上编号后，你的发言会显得煞有其事。

若是确有想法，可以把想法加上编号，以“第一……，第二……，第三……”的结构表达，逐条列出自己的想法，会让人觉得你条理清晰，很有准备。

切记，以上两种情况，表达的观点都不要超过 3 点，要懂得见好就收。

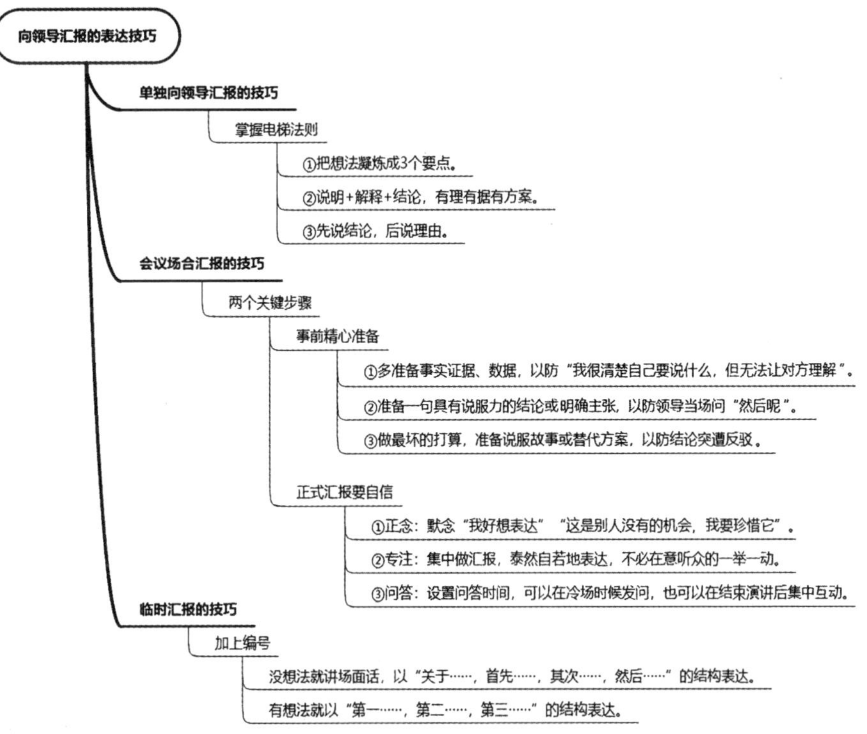

## 戒掉“添油加醋”的 3 个步骤

在工作中，同事之间难免会有发生误会的时候。然而很多误会，是因为你在接收事实后习惯“添油加醋”造成的。

比如，你可能说过这样的话：“我的同事×××总是那样，我都提醒了好多次，他还那样！真让人无语！”

结果，这番话传到了这名同事的耳朵里，他会这样说：“他提醒我的时候我立马就改了。这人事儿真多！”

其实，事实原本是这样的：同事×××有时会那样，你只提醒过他两次，但他并没有很快改正。

在这里，你添加了“总是”这点“油”，同事×××加了“立马”这点“醋”，结果就让你们之间产生了误会。

如何改掉“添油加醋”的习惯呢？

### 陈述事实

即便在有情绪的时候，你也要提醒自己，不要带情绪说话，不要添加多余的词，仅仅陈述事实原本的样子就好了。

### 中立思考

如果事实不可改变，那你可以试着采取中立思考，不去试图改变别人。每个人都不希望自己被别人改变，不希望被掌控、被支配。你要做的，是重新审视自己的想法，学会中立思考。

**中立思考=既不乐观也不悲观地看待问题。**

对于改变他人，乐观者与悲观者会有完全不同的态度。

乐观者："在我持续发力下，总有一天他会改的……"如果你是这样期待的，那你可能等到他离职了都还只能收获失望。

悲观者："不光是这件事，最近他做什么事都是这样……"如果你是这样去延伸，那你会更加生气，甚至会厌烦对方。

对于现状，你既不要勉强自己乐观对待，也不要去悲观对待，原原本本地接受它就可以了。

**找到根源**

接下来，就要试着思考："它到底在向我传达什么意思呢？"然后，你需要找到解决问题的办法。

你可以这样追问自己并作出推理：

同事×××那样，我对此感到很生气。

↓

为什么我会对此感到生气呢？

↓

是不是因为我一直觉得他不尊重我？

↓

问题就出在这里吗？

↓

要不要找个适当的时机找他聊一下呢？

当你不再添油加醋而是心平气和地看待事情之后，你很快就会发现问题产生的根源。找到了症结所在，问题也就可以轻松解决了。

你可能总是习惯以某个时间点的反应来判断事情的好坏。当判断某件事“不好”时，你就会感到很烦躁，就会使事实与思想之间产生隔阂。当你戒掉了“添油加醋”的毛病，你也就戒掉了“不由自主判断事情”的习惯。

在职场中，事情大多没有好坏之分，当你某个时间点对其做了好坏判断，就要找个时间去还原它、思考它，然后才能消除其中的误会。

## 深入人心赞美人的技巧

在职场中，赞美要出自真心，不能为了夸奖而夸奖。虽然人们都喜欢听别人赞美自己的话，但并非任何赞美都能使对方高兴。能引起对方好感的，只能是那些基于事实、发自内心的真诚赞美。若是你总是无凭无据、虚情假意地赞美别人，不仅会给人以莫名其妙的感觉，还会让人觉得你是个油嘴滑舌、诡诈虚伪的人，会对你敬而远之。

那么，该如何做到恰如其分地赞美对方，让对方真心接受呢？

美国社会心理学家海伦·H. 克林纳德认为，赞美人要深入人心，最主要的是明确 3 个基本因素：你喜欢的具体行为；该行为对你的帮助；你对这种帮助的结果有良好的感受。有了这 3 个基本因素，赞美别人的话语才不至于笼统空泛，才能给人留下深刻而美好的印象。

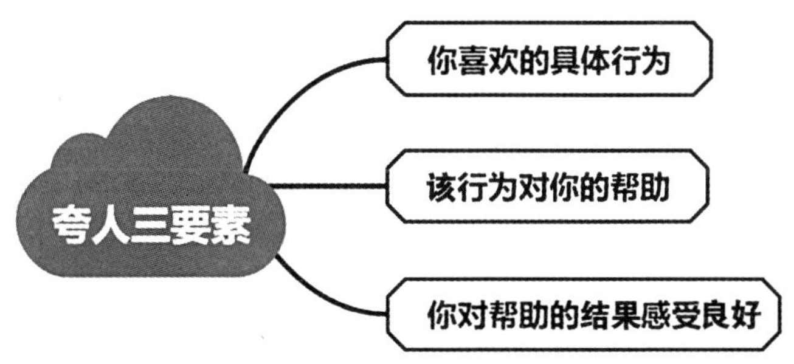

因此，你的赞美应注意以下几点：

### 内容越具体越好

赞美别人的时候，要尽量将重心放在对方做过的事情上，内容越具体越好，而不是集中在对方身上。这样的赞美才会更加深入人心。

比如，你打算赞美对方“你真棒”时，你可以换个说法：“你昨天在客户那里的演讲太精彩了。”再比如，你打算夸赞别人“你这篇文章写得挺好”时，你可以这样说：“你这篇文章写得太棒了，特别是结论太有新意了，对我启发很大。下次我写的时候也借鉴这种写法。”

### 背后夸人效果更好

在职场中，背后说人坏话是要不得的，但背后说人好话却能收到意想不到的效果。当众赞美别人，有时候连你自己都觉得别扭，对方听了也会不好意思。在背后夸人，就可以避免这种尴尬。最重要的是，你的赞美因此有了更大的影响力。通过第三者的传达，赞美效果会更佳，因为信息在传播的过程会被美化、夸大。

### 对比放大个人感受

有些时候，与其直接谈自己的感受，不如用同比法来凸显、强化你的感受，会显出更大的分量。

你可以尝试一下“以人推人”的办法。你先举出一位公认的优秀者作为参照者，然后将要赞美的人与参照者相提并论。比如："在公司，我特别佩服两个人，一个是王总，上次陪他见客户，他一句话就帮我解了围，后来一起回公司的路上，我又跟他学了不少技巧；另外一个人就是张总您了，您和王总一样……"

你还可以运用"压低自己、抬高对方"的办法。在运用这种办法时，你需要注意说实在话，进行具体准确的对比。比如，你去拜见某人，看到他正在使用某套知名的办公软件，你就可以这样说：

"这套办公系统，您学习了多久？"

"两周吧。"

"哎，我都学了一个多月了，还是没法熟练操作。"

你看，你只用了简简单单的几句话，就达到了赞美对方的目的。

## 被拒绝时的正确态度和方法

在工作中，你难免会遇到求助别人的时候。很多人因为害怕被拒绝，因此宁愿自己想办法解决，也不愿去请求别人帮忙，导致事情的进度被拖慢很多。

求助别人却被拒绝，一般人会怀疑“是不是我让对方不高兴了”“或许是我求助的方式不对”，甚至产生“他是不是不喜欢我”这样的想法。总之，被拒绝后，你会本能地觉得是自己哪里出了问题。

可是，你有没有想过，导致你被拒绝的原因，通常出在对方身上。

对方拒绝了你的请求，要么是你求助的事情他完成不了，或不想完成；要么他当时有别的事情要做，没有时间帮你；要么是遇上了生理期、心情不好等情况。总之，你被拒绝，原因大多数出在对方身上。

所以，你不用多想，也不要因噎废食，遇到了难题，尽管大胆求助。你这次的求助遭到拒绝，不代表下次也会如此，大不了下次继续。如果这个人实在帮不了你，就向另外一个人求助。

能借助外力高效完成的事情，就尽量借助外力。在借助他人力量时，一个诀窍是：既不要只站在自己的立场上，也不要只站在对方的立场上，而是要站在“我们”的立场上向对方求助。

也就是说，你在请求别人帮忙的时候，要尽量表达出“这样安排对大家来说都是最佳选项”“对你我都有益处”的意思。

你千万不要说下面这样的话：

“你现在时间比较充裕，就当做个好人了。”

“你帮了我就可以……了，谢谢！”

“你帮了我，你就可以……了。”

在职场中，没有人会愿意义务帮你，也没有人愿意多次为你的“卖萌”买单，或许偶尔能成功，次数多了就会影响他人对你的评价。

## 拒绝别人的正确态度和方法

你有被人拒绝的时候，当然也有需要拒绝别人的时候。拒绝别人、表达反对意见是一门大学问，需要运用一些技巧，否则就会影响自己与他人的关系。

当你打算拒绝他人时，千万不要说下面这样的话：

**我不愿意**

虽然明确要说“不”了，但也不能说这样的话，以免给人留下“孩子气”、不懂礼貌的印象。你可以先明确说明自己的问题，然后说出自己的想法和做法。

**那我反问你**

你可以不接受对方的意见，也可以不回答对方的问题，但如果直接反问对方“那我问你……”，会很容易招致对方反感。

**我知道**

不想同意对方的话时，你可能会口是心非地说“我知道”。然而，这样说并不会让你显得有礼貌。即使不同意对方的话，你也要说：“我知道了，我再想想。”

**嗯嗯**

在对方热情洋溢地讲完一番话后，你只用“嗯嗯”两个字敷衍，对方会怎么想呢？所以，即便不同意对方的观点，你也要尽量给出恰当的回答，而不是仅用“嗯嗯”敷衍。这是基本的职场礼仪。

当你需要表达与对方相左的观点时，正确的策略是采取“是的……但是……”话术。也就是说，你要先接纳对方的意见，然后再补充自己的意见。

在运用“是的……但是……”话术时，你需要注意：

①先重复对方表达正确的地方，予以肯定。

②把对方的心情说出来。

③委婉地表达你的反对意见。

比如：

“上次出差和客户商讨的这个方案还不错吧？”

“方案很好（是的），看来你们交流得很愉快（是的），不过（但是），有几个地方稍微改下就更好了……”

需要批评别人的时候，怎么让对方真诚地接受呢？社会心理学家阿纳托尔·拉波波特（Anatol Rapoport）曾提出过一套发表批评性意见的规则，称为“拉波波特法则”。其要点如下：

①清楚、生动、不偏不倚地引述对方的想法，要让对方说：“谢谢你，我刚才要是像你这么表述就好了。”

②把对方观点中你同意的那部分列出来，尤其是那种并非被人们广泛接受的观点。

③表达你从对方那里学到的东西。

④完成了以上 3 点，再开始说反驳或批评的话。

遵循“拉波波特法则”表达你的观点，对方往往会比较乐于倾听你的批评。因为你已经提前站在他的立场上理解了他的想法，会让他心中预先有了对你的谢意，因此愿意在一些重要的事情上与你达成更多共识。

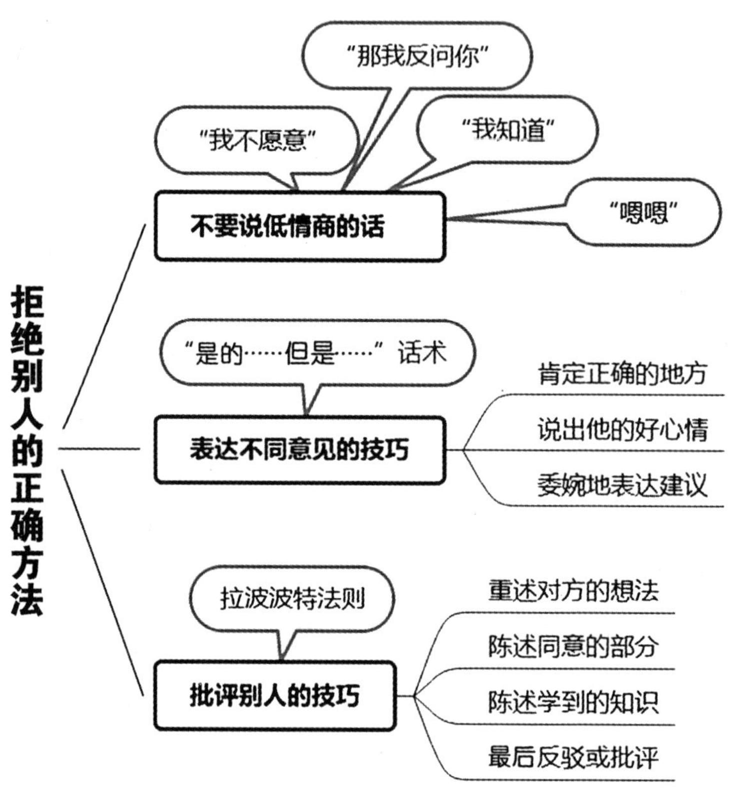

## 高效谈判的8大战术

日常工作中，除了与同事、领导的沟通外，你还需要具备与客户、合作伙伴沟通的能力，这非常考验职场人的应对能力和忍耐力。这里分享8种普遍使用的谈判战术：

### 最后通牒

在商场购物时，你会经常身处这种战术的使用场景中。与商家商谈价格时，销售员也许会不耐烦地说出“这是公司规定的底价，我也没有办法”之类的话，让你不好意思再继续砍价。同样，当你与客户沟通不愉快，尤其是客户要求你做一些额外的事情时，你就可以说“这是公司规定”“我没有这个权限”“领导就是这么交代的”这样的话，让客户知难而退。

### 黑白脸

遇到难以沟通的情况，你可以与同事一起去与客户沟通。所谓“黑白脸”，就是一人扮演态度强硬的“恶人”，一人扮演态度温和的“好人”。这一战术在对外沟通谈判中屡见不鲜，因此也比较容易识别。如果对方施展这一招数，你只需牢记一点：多数情况下，即使“好人”的方案比“恶人”的方案好许多，也往往不是对方的最低价。

### 含糊要求

含糊要求战术是指在谈判结束后，通过额外提出“能不能再想想办法做××事”之类的含糊要求，来实现迫使对方让步的战术。就像即将付款的时候，买家会再问一句：“还能再便宜点吗？”在职场中，如果能养成“能不能再想想办法”式追问的习惯，你会获得很多意外的惊喜。

### 神秘电话

在工作中，你可能会遇到突然有客户打来电话要求订货、正开会时其他部门提出紧急协商等情况，如果对方利用电话喋喋不休地向你提出要求，逼迫你做出妥协，那么你应当仔细倾听对方所述的事项，并简单而郑重地表明现在不方便交谈的理由后，再挂掉电话。等你完全做好准备后，你再主动给对方回电话，约谈对方要求的事情。准备不到位，就不与对方谈判，这是一条铁律。

### 既成事实

你要善于利用既成事实来逼迫对方做出让步。比如，宣称某件事情已经定了下来，然后告知对方，事情已经发展到了没有其他选择的地步，明确向对方表达“希望你这样做”“你只能这么做”的想法，从而将对方逼到墙角，为自己争取更多的谈判空间。这是一种略带胁迫式的压力战术。当对方对你使用这种战术时，你要冷静应对，拒绝忍气吞声，但绝不与对方发生正面冲突。

**停顿**

在对方抛出问题后，不要立刻回答，即使你心中已经有了答案。多停顿几秒钟时间，会显得你经过了严肃认真的思考。切记，不要发出故作思考的声音。

**反问**

在应对对方的负面提问，比如“为什么这月成本会增加”“为什么销售人员的士气最近有下降趋势”时，你要记住，千万不要顺着对方思路回答，因为一回答就等于默认了对方所讲的事情，你要反问提问者，对事实的真实度进行认定。

**转换方向**

应对无法回答的问题，要学会及时转换方向。比如，对方问“价格为什么比别人高”时，你不要去解释价格高的原因，而是要回答他“用着更方便”的物品属性；对方问你“费用为什么高了”时，你不要直接回答费用激增的原因，而是引导对方着眼于整体环境的良好变化。

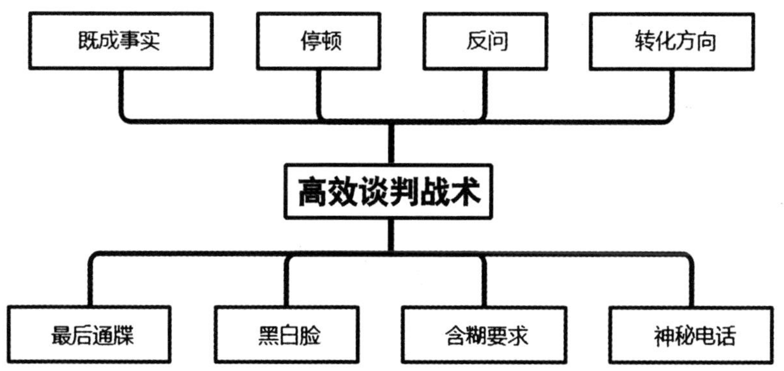

## 超实用的职场闲聊技巧

职场中，闲聊是增进同事感情、工作沟通的润滑剂，是一项必不可少的内容。

你是否有过这样的遭遇：眼见其他同事都聊得很开心，自己却想不到可以加入的话题，只好沉默不语；好不容易插了个话，却因为一时语塞而聊不下去。

对于不擅长与人闲聊的人来说，没话找话，实在是件很难的事情。

但是，不与别人闲聊，又会让自己在职场中处境尴尬。该如何寻找话题呢？下面将为你介绍几种相应场景下的说话技巧。

### 同事谈话中间冷场的延续技巧

遇上冷场时，你只需掌握一个技巧：以前面闲聊的关键词为线索，从中寻找话题。

比如，同事前面提到了打算“下个月去海南出差”的话题，你可以从这条信息中提炼出“下个月（时间）”“海南（地点）”“出差（事件）”，然后围绕这3个关键词继续展开话题，就能迅速接续谈话，不再继续冷场了。

### 与陌生人搭话的技巧

当你拜访一家从没去过的公司时，你可能会在向初次见面的客户介绍完自己后，就不知该聊些什么了，让场面陷入尴尬。为了避免这种情况，有经验的管理者一般会安排多人一起拜访客户，这样熟悉的人互相帮腔，就可以避免冷场。然而，当你一个人被迫单独面对陌生人时，又该怎么办呢？

应对的诀窍，是“畅谈共同话题”，你们可以谈：

①相同嗜好。

②产品趋势和公司发展。

③国家大事。

④天气变化。

如果在谈论上面这些话题时，你能时刻保持向对方请教的姿态，气氛就会迅速变得友好、热络起来。

### 再次碰面时的闲聊技巧

有时候，你会碰到与许久不见的同事巧遇，或者与某个不熟悉的客户再次合作的情况。这种时候，你就不能再去使用那些初次见面才说的“客套话”了。那么，如何寻找话题才能取悦对方，让谈话继续下去呢？

应对诀窍是：回忆过去，唤醒记忆。

比如，你可以以“上次见面……”“还记得你的嗜好是……”“你上回帮我的大忙……”这样的话打开话题，对方也许会不自觉地回答“你还记得啊”这样的话，气氛自然就会热络起来了。重提以前聊过的话题，也可以迅速拉近你们的距离，并给对方留下好印象。

人的记忆是有限的。对于某些极其重要的客户，你要把他们的兴趣、爱好，以及你们曾谈论顺畅的话题，都记在备忘录里，以备不时之需。

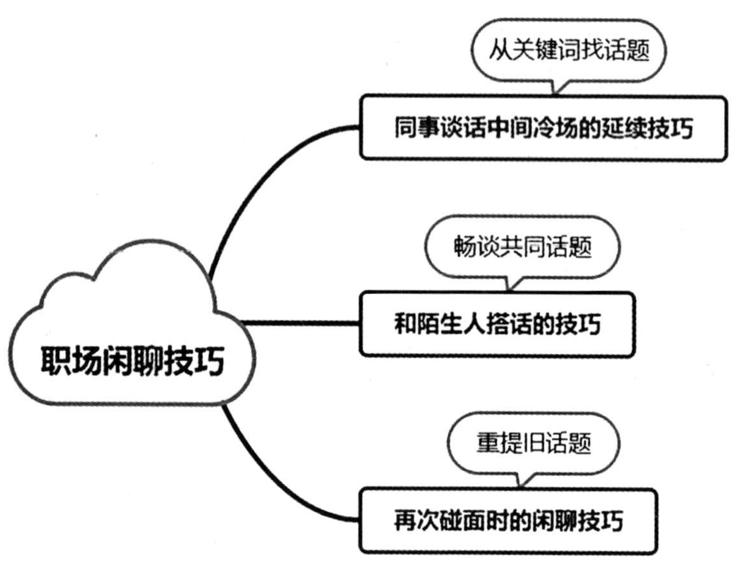

## 健谈就是善于发问

通常，人们会把“健谈”等同于能说会道、口才好，实际上，两者还是有根本区别的。在职场中，有的人会口若悬河、侃侃而谈，不给别人发言的机会，丝毫不考虑别人的感受；也有一些人会因为害怕冷场，绞尽脑汁寻找话题，看似热情和谐，实际尴尬无比。以上这些“能言善谈”的人，都不能算是“健谈”。真正的健谈，是善于发问。

× 能说会道≠健谈

√ 健谈＝善于发问

如果不擅长谈话，就要让自己擅长提问。害怕冷场的人，与其自顾自地说自己感兴趣的事情，不如在发问中寻找共同感兴趣的话题。

沟通是双向互通的信息交换。卡耐基说过：“在这个世界上，影响别人的唯一方法就是谈论他们想要的东西，并告诉他们如何获得这些东西。”

因此，你要尽量找对方容易理解的话题，或是关心度较高的话题。

比如，你可以从对方身上找出话题并加以提问。你可以从以下两个方向发力：

①了解交谈对象的兴趣爱好、专长领域、关心事物等。

②针对他的专长和关心的事物。

了解了以上两方面的情况后，你就可以进行提问了。

通常来说，发问有两种方式：

①开放式发问。比如，你可以问对方："你有什么意见吗？"这种方式一般用于扩大话题，询问对方的意见。

②封闭式发问。这种问题一般只有"是""否"两个答案，主要用来收敛话题，结束沟通。

需要注意的是：

①不要怕中途冷场。在聊天沟通中，冷场是个可以让彼此都喘口气的停顿，也让对方有向你发问的机会。

②不要尬聊。你要尽量把对方能自行领悟的东西交给对方去领悟，这样可以使谈话达到最佳的效果。有些时候，最有效的说服方式，不是你把所有的内容都说出来，让对方折服，而是你不完全说透，让对方领悟出一部分内容，从而使其更有参与感和被尊重的感觉。

## 改变行为而不是改变态度

“我觉得你应该戒烟……”

“你不应该这样写……”

“你这样坐着对腰部不好……”

你或许会出于好心或者拥有的权力、彼此的地位差距，要求别人改正某些“错误”。当对方不愿意按你说的改正时，你就会很生气，说些“你怎么这种的态度”之类的话。

这就碰到了沟通的一大误区：你总是企图改变别人的想法和态度。当你力图在态度和辩论上争上风，通常只会导致对抗氛围的出现。

说服别人的正确策略，应当是这样的：

①以行为而非态度为目标。

②实现愿望而非改变愿望。

× 企图改变别人的态度

√ 改变谈话氛围和行为

以改变对方的态度为目标，通常会激发对方的智力抗体，让他原本存在的抵触心理变得更加强烈，整个人也变得更加情绪化。如果打算说服对方，你最好采取更加理智的做法，即在不触动对方态度的前提下，改变对方的行为。行为的改变常常会引起态度的改变，而不是相反。

比如，你想让别人修改公众号文章，只需要做到：

①改变说话的语气。

表达方式比内容信息更重要。当语速较快、用词不当时，你说出的话就偏离了你要表达的意思。谈话氛围不对，再好的意见也无法打动对方。

②直接发几篇参考文章。

你不想让孩子吃垃圾食品，骂他是没有用的，只有当你坚持用健康食物喂饱他时，他吃垃圾食品的概率才会降低。

总之，不要一味指责、劝说，而是要通过氛围、环境的变化来影响对方，促使对方改变自己的行为。

# Part 6

## 自我奖惩的建立与坚持

## 通过微习惯实现彻底改变的 8 个步骤

人们无法让改变的效果持久时，往往认为是出于自身原因，其实是策略有问题。只有放弃曾经设定的伟大目标，从微习惯开始改变，才能坚持下去。

微习惯的提出者斯蒂芬·盖斯①指出，微习惯是一种非常微小的积极行为，需要你每天强迫自己完成它。这些行动小到不会失败，小到不会因为特殊情况就被你轻易放弃，它们会激励你坚持下去，并最终成为习惯。

斯蒂芬·盖斯认为，有人决心每天锻炼两小时却没办法做到，诸如此类的脱离行动的决心，只会有损自信。他相信，哪怕是一点点行动，也比什么都不做强 N 倍；与其某一天做很多事，倒不如每天只做一点点并长期坚持。

在此基础上，斯蒂芬·盖斯总结了彻底改变的 8 个步骤：

### 筛选微习惯

列一个想要在某段时间同时养成的习惯清单，从中筛选并确定至多 4 个最重要的习惯，然后把习惯“缩水”成为你每天都能

① 斯蒂芬·盖斯（Stephen Guise）在其著作《微习惯：简单到不可能失败的自我管理法则》中提出了“微习惯”的概念。

坚持做的微习惯。

比如：

“每天做 100 个俯卧撑”，可以缩变为“每天 1 个俯卧撑”；

“每天背 50 个单词”，可以缩变为“每天背 5 个单词”；

“两天读一本书”，可以缩变为“每天至少读两页书”；

“始终保持积极思考”，可以缩变为“每天想两件好事”。

**挖掘内在价值**

选定你打算培养的微习惯后，你要多问自己几次“为什么”想要实现它们，直到找到核心价值为止。认识到内在价值，原本被迫做的事情就会变成你十分愿意去做的事情，会更有成就感，也自然会更有动力坚持下去。

比如，你打算“每天至少读两页书”，你问自己“为什么”，就会推导出“因为这样才能读完一本书”这个原因。那为什么要“坚持读书”呢？因为“优秀的人都在坚持读书，自己不读很丢人”。为什么那些人已经很优秀了还要坚持读书呢？然后，你会告诉你自己，“只有坚持读书才能进步，否则会被淘汰，我不想被时代淘汰”。

**制订执行计划**

接下来，你就需要制订能够坚持执行的计划了。制订计划有以下两种方式：

①根据时间来确定日程安排。比如，你为自己制订了“周一、周三和周五下午 3 点做清洁整理”的计划。这种安排的优点

是日程安排明确，缺点是容易错过。

②根据行为方式来确定日程安排。比如，你为自己制订了“吃过午饭半小时后开始做清洁整理”的计划。这个计划的优点是日程安排更灵活，缺点是不规律。

### 建立奖励机制

再小的习惯也需要奖励。快要坚持不下去时，你要记得及时给自己一点奖励，或者休息一下。及时的奖励会激励你继续行动，帮你恢复意志力。

### 记录完成情况

手机 APP 提醒对于执行微习惯非常管用。不管你选择什么执行计划，都建议你睡前再检查一下是否已经完成。

### 超额完成任务

超额完成一件事情的基础是，你的某个行为习惯已经存在。比如，你本来计划“每天看两页书”，但你每次都会强迫自己多看几页，一段时间后，你会发现自己每天都能看超过两页的书。进步就在无形之中发生了。

### 克制膨胀心理

当你超额完成最初制订的微习惯任务，你的任务量会“暗中膨胀”。比如，你可能把“每天看两页书”提升到了“每天看 10 页书”，然后这个微习惯就会变得岌岌可危。因此，你要把期待值和精力放到“坚持目标”上，而不要对“任务完成量”抱有太高的期待。

## 确认习惯养成

如何衡量你的行为是否已经形成微习惯呢？你可以参考以下5条标准：

①不再抵触。该行为似乎做起来很容易，不做反而更难。

②身份认同。现在你已经认同了该行为，而且可以十分坚定地说“我是××达人”。

③行动时无须考虑。你不再需要做出“执行”的决定，就能自然而然地行动了。

④不担心会遗漏。刚开始时，你可能会担心自己漏掉一天或者会半途而废，现在你已经十分清楚，除非出现紧急情况，你都会做这件事。

⑤心如止水。你不会因为超额完成而激动不已，也不会因为拥有某个好习惯而暗爽，只会默认它确实对你有好处。

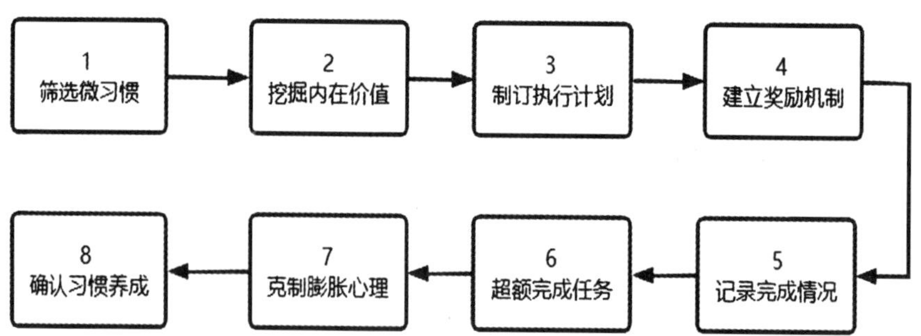

## 实现情绪自控的超实用方法

负面情绪可能是导致你效率低下、好习惯坚持不下去的“罪魁祸首”。那么，在面对生活中、工作中的负面情绪时，你该怎样化解呢？你可以试试下面几种超实用的小方法：

### 6 秒确认真正感受

脑科学研究表明，每个人的负面情绪爆发前，都会有 6 秒钟不受“理智”的指挥和控制。如果能控制住这关键的 6 秒，你就能成功“镇压”自己的负面情绪爆发。当负面情绪来袭时，你要懂得给自己留一点思考时间。

比如，当你感觉自己很愤怒的时候，你可以这样问自己：“我真的生气吗？还是要用生气来掩盖难过，甚至是犯错？”于是，你就拥有了一点时间来思考真正的感受，有了一个缓冲，心中的“愤怒”就不容易爆发了。

### 改变语言习惯

日常生活中，人们所使用的词汇可以分成 3 类：正面词汇、负面词汇、中性词汇。在不同的情境中使用不同类型的词汇，就会让你产生不一样的情绪。比如，你“讨厌”自己的工作、同事甚至是领导，“讨厌”的事物、次数多了，负面情绪就会在你的潜意识里越积越多。因此，你需要改变自己的语言习惯，你可以这样做：

> 当你想说“我讨厌××”时，你不妨说“我和××不太熟”。
> 当你想说“我很生气”时，你不妨说“我有些遗憾”。
> 当你想说“我很惊慌”时，你不妨说“我有些不适”。
> 当你想说“他很愚蠢”时，你不妨说“他有些不足”。
> 当你想说“我很压抑”时，你不妨说“我需要透透气”。
> 当你想说“我太倒霉了”时，你不妨说“这事有挑战”。
> 当你想说“他有病”时，你不妨说“他精力旺盛”。
> 当你想说“我需要改变”时，你不妨说“我需要进步”。

### 一分钟原则与一周调整法则

很多人都有长期陷入沮丧和愤怒情绪的经历，都想要快速走出负面情绪旋涡。一个实用的诀窍是：注意力放在负面情绪上的时间，不要超过一分钟。

如果你不幸陷入了负面情绪旋涡，应尽快在一周之内解决它，迅速把心情调整回来。在这一周之内，即便有人蓄意挑衅你，你也要立刻调整情绪，不做激烈应对。

### 预演

如果你是一个控制不住自己情绪的人，你还可以通过提前演习自己的愤怒情绪，来防止自己在重要时刻、重要场合无法有效压制。按照能够让你爆发的程度，列一个从低到高的“愤怒清单”，然后逐项预演。通过预想、想象和记录，你就能在事情发生时，大幅降低乱发脾气的概率。

所以，你要认真记下来，并反复练习。

> 愤怒清单
>
> ①把能够引爆自己情绪的点全部写下来。
>
> ②把自己愤怒时想骂人的话写下来。
>
> ③把自己暴怒时会做的事情写下来。

## 戒掉不良习惯的可行方法

无意识养成的不良习惯是好习惯的“敌人”，也是导致你工作效率低下的重大原因之一。只有摆脱了这些不良习惯，你才能掌握工作与生活的主动权。

戒掉不良习惯，如同培养好习惯一样，同样需要坚持，需要方法技巧。下面介绍日本习惯培养专家古川武士推荐的 8 种切实可行的方法：

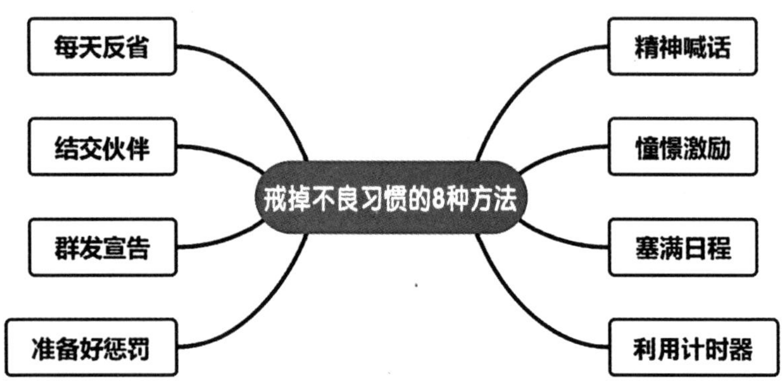


### 精神喊话

这种方法，需要你想一句充满热血、激励的话，以便在你遭遇挫折时能激励自己。它可以是一句名言，如“习惯是第二天性”；也可以是一句网络语，如“饥饿入睡，美丽翻倍”；或者是自己的话，如“这次你要是放弃了，人生就完蛋了”；等等。

你要把它写在纸上并贴在抬眼就能看见的地方。

你要时常说给自己听，或者时常在心里默念。

**憧憬激励**

你可以给自己描绘戒掉坏习惯后的美好景象，憧憬所能达到的理想境界。比如，瘦掉 30 斤就可以获得竞争晋升的机会。

你还可以开始计划相应的好习惯，畅想接下来会发生的好事。比如，戒掉熬夜习惯后，你就可以每天早到公司 1 小时，每月可以减少加班至少 20 个小时。

**塞满日程**

你可以尽可能地塞满自己的行程表，不给自己留有犹豫不决和胡思乱想的时间和余地。

你要把每件任务都清楚地写在纸上，方便自己随时可以看到。

接下来，你只需机械地完成所有的日程安排。

**利用计时器**

买一个计时器，不要使用智能手机自带的计时器。

你要在规定时间内强迫自己做不想做的事情，或者一次性释放到满意为止。

**准备好惩罚**

你要选择真正讨厌的东西作为惩罚。比如，你在减肥过程中贪嘴，就把平时最不喜欢吃的食物作为晚餐；忍不住又一次熬夜后，你就惩罚自己第二天上班前做够 30 个俯卧撑。

### 每天反省

每天花费 1 分钟做个简单回顾，以确认自己戒除坏习惯的进展与效果。千万不要等一周后再回顾。

你可以充分利用交通、洗澡、番茄休息时间等碎片时间，来完成每天对自己的反省。

### 结交伙伴

你可以与打算戒掉相同不良习惯的人交朋友，相互切磋，相互鼓励。

你要定时向伙伴汇报自己的进度，做到不隐瞒、不害羞。

### 群发宣告

你可以通过向周围的人大肆宣扬的方式，来督促自己戒除不良习惯。

你也可以手写一封誓言书，以增加仪式感。

你要甘愿接受最严格的监督与“羞辱”。

## 误区：坚持只能靠意志力

在谈论坚持的重要性时，你也许会把坚持等同于意志力，认为只要意志力足够强，你就能坚持到底；如果你没有坚持到底，那一定是意志力不足。

意志力就像一个神话，是相当不可靠的，你越强调它，越依赖它，你中途放弃的可能性就越大。脑科学研究表明，经过一段时间持续的自我控制或是做出大量的小选择以后，人的自控力、毅力、面对失败时的韧性都会有所衰退，拖延情况加剧，数学计算的数量和质量下降，决策能力也会变差。就算你自认意志力强大，也不要太指望它，因为你的意志力每天都会出现几个低潮。在这个时间段里，你可能屈从于诱惑，尤其是在工作日快要结束、劳碌一日让你疲惫不堪的时候。这是一种本能反应。

实际上，你之所以能长期坚持去做一件事，是因为这件事带给你的满足感超过了付出，唤起了你内心深处最强烈的兴趣。也就是说，赐予你力量的，是激情的驱动，而不是意志力的鞭策。无数心理学研究已经证明了这一点。

× 坚持下去靠意志力

√ 坚持下去靠热爱

也许你会很苦恼，明明自己对某件事很有兴趣，却不能长久坚持下去。问题出在哪里呢？这就在于你对感兴趣的这件事的了解程度。你对事情了解不深，就会浅尝辄止；浅尝辄止了，自然就体会不到继续做下去的妙处；体会不到其中的妙处，自然你就不会有持久的兴趣。了解不够导致兴趣不足，而兴趣不足又无法加深了解。这是一个“死循环”。

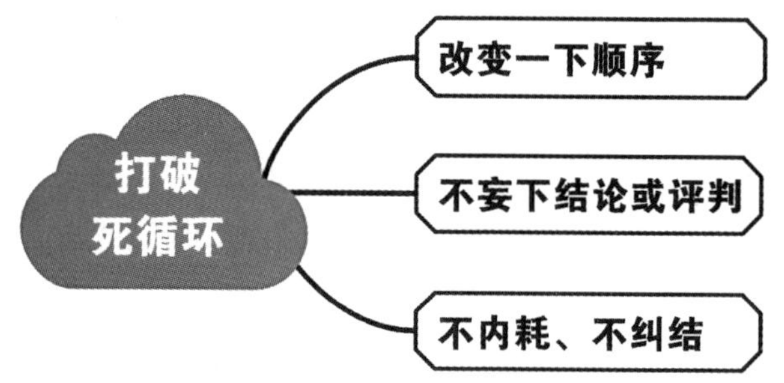


该怎样打破这个“死循环”呢？你可以尝试以下几种办法：

①改变一下顺序。你可以从感兴趣才努力做事，转变为在努力做事的过程中获得热爱的感觉。尤其是你日常从事的工作，很少有让人十分热爱的。因此，你不妨让自己全身心地投入到所做的事情里面，把被动做的事情变成主动去做，把兴趣激发出来。

②没有深入了解某件事时，就不妄下结论或去评判它。

③节省意志力，不内耗、不纠结。很多人从一大早就开始跟自己过不去，经常纠结“今天穿什么出门”“今天的工作怎么展开”“今天中午去哪儿吃饭”“周末怎么过”……一直让大脑忙碌、高速运转。突然面对一项必须快速完成的重要工作时，却没有把它快速做完的意志力。

乔布斯生前为什么一直是“黑色高领＋牛仔裤＋运动鞋”的搭配？有人猜测他是强化形象，其实他只是不想在小事情上浪费意志力。

因此，你应当从现在就开始，除了真正想做的事情，绝不在别的事情上随意消耗意志力。

## 偏执：趁早放弃“掌控自我”

鸡汤学总是教人们要掌控自我。实际上，人是无法完全掌控自己的思想、情感和身体的。

“后天要交报告了，今晚熬通宵吧。”通常你虽然有这种很感人的想法，但后来越来越困，最终还是败给了困意。即便你喝了很多咖啡，也只是暂时起些作用，而无法完全抵抗越来越深的困意。就算你发誓“今后我再也不睡了”，也做不到。

× 和自己较劲

√ 与自己和解

有时候，你就是做不了身体的主人。尝试过减肥的人对此深有体会：暂时管住嘴迈开腿是可以的，想要长期坚持却是一件难事。真正减肥成功的人，都不会与自己的身体较劲。

人也很难做思想的主人，因为头脑中的“噪声”会阻碍你的持续行动，致使你效率低下。大脑每天要思考大量的事情，其中大部分是消极的。这种思考并非有意为之，全都是不由自主的。当你打算尝试新事物时，大脑中总会冒出“或许放弃比较好”“做了也没用”“可能我会失败”等消极想法，然后你就会在这些消极想法的影响和阻滞下，无法采取任何行动。

虽然上面分享了情绪自控的办法，但不要相信那些教导你要“做情绪的主人”的网络课程，因为人是不可能做情绪的主人的。你可以管理自己的情绪，减少负面情绪的爆发概率，但是你不可能完全“掌控”自己的情绪。现代人压力那么大，每天面临那么多突发状况，有情绪是必然的。

情绪有来有去，你只需要在它来时不去否定、对抗和躲避，而是去陪伴它、感知它。

建议方法：用准确的词汇来形容它，是悲伤、焦虑、羞愧、绝望，还是愤怒？当你能够找到准确的名词之后，就等于识别了情绪。很多时候，情绪被“识别”之后，自然就会慢慢平息。如果情绪比较激烈，无法停止，你就要用动作代替思考，强行“反抗”情绪的爆发。比如，面对面沟通过程中，感觉下一秒要和对方起冲突时，你要立即冲下楼。如果条件不允许，至少以“上厕所”为由，立刻离开现场。总之，要及时用行动让情绪转弯。

总之，你要趁早放弃“掌控自我”的想法。只有学会了不与自己较劲，你才能坚持下去；学会了与自己相处，你才能真正变成高效工作能手。

# 参考文献

[1] 山下英子. 断舍离[M]. 吴倩，译. 南宁：广西科学技术出版社，2013.

[2] 乔舒亚·菲尔茨·米尔本，瑞安·尼科迪默斯. 极简主义[M]. 吴曼舒，彭丽洁，译. 南宁：广西科学技术出版社，2020.

[3] 近藤麻理惠. 怦然心动的人生整理魔法[M]. 徐明中，译. 南京：译林出版社，2012.

[4] 大岛祥誉. 麦肯锡工作法：麦肯锡精英的39个工作习惯[M]. 朱悦玮，译. 北京：北京时代华文书局，2015.

[5] 芭芭拉·明托. 金字塔原理[M]. 汪洱，高愉，译. 海口：南海出版公司，2019.

[6] 莫琳·希凯. 深度思考：不断逼近问题的本质[M]. 孔锐才，译. 南京：江苏凤凰文艺出版社，2018.

[7] 罗伯特·B. 西奥迪尼. 影响力（经典版）[M]. 闾佳，译. 北京：北京联合出版公司，2016.

[8] 埃米尼亚·伊贝拉. 能力陷阱[M]. 王臻，译. 北京：北京联合出版公司，2019.

［9］小松易. 最强思考整理术［M］. 甘为治，译. 新北：枫书坊文化出版社，2019.

［10］特丽·阿普特. 赞扬与责备：剑桥大学的沟通课［M］. 韩禹，译. 贵阳：贵州人民出版社，2020.

［11］佐藤可士和. 佐藤可士和的超整理术［M］. 常纯敏，译. 南京：江苏凤凰美术出版社，2017.

［12］高田贵久. 精准表达：让你的方案在最短的时间内打动人心［M］. 宋晓煜，译. 南昌：江西人民出版社，2018.

［13］斯蒂芬·盖斯. 微习惯：简单到不可能失败的自我管理法则［M］. 桂君，译. 南昌：江西人民出版社，2016.

［14］詹姆斯·克利尔. 掌控习惯：如何养成好习惯并戒除坏习惯［M］. 迩东晨，译. 北京：北京联合出版公司，2019.

［15］桦泽紫苑. 为什么精英都是时间控［M］. 郭勇，译. 长沙：湖南文艺出版社，2018.

［16］富田和成. 高效 PDCA 工作术［M］. 王延庆，译. 长沙：湖南文艺出版社，2018.

［17］古川武士. 坚持，一种可以养成的习惯［M］. 陈美瑛，译. 北京：北京联合出版公司，2016.

［18］哈尔·埃尔罗德. 早起的奇迹［M］. 易伊，译. 广州：广东人民出版社，2018.

［19］史蒂夫·诺特伯格. 番茄工作法图解：简单易行的时间管理方法［M］. 大胖，译. 北京：人民邮电出版社，2011.

[20] 理查德·保罗，琳达·埃尔德. 批判性思维：反盲从，做聪明的思考者[M]. 焦方芳，译. 北京：人民邮电出版社，2021.

[21] 浅田卓. 丰田一页纸极简思考法[M]. 侯月，译. 北京：北京时代华文书局，2018.

[22] 爱德华·德·博诺. 六顶思考帽[M]. 冯杨，译. 太原：山西人民出版社，2008.